文春文庫

もうひとつの日本は可能だ

内橋克人

文藝春秋

もうひとつの日本は可能だ　〈目次〉

三章 強さのなかの弱さ

四章　新たな発展モデル

単行本　二〇〇三年五月　光文社刊

もうひとつの日本は可能だ

読者へ　いまなぜ、「もうひとつの日本は可能だ」というのか

『なぜ世界の半分が飢えるのか』の著者として知られるスーザン・ジョージは、グローバリズム、その担い手である多国籍企業の行動、世界の食糧問題、南北間格差、WTO（世界貿易機関）のあり方、なかでも国境を越えて瞬時にかけめぐる「マネー」（グローバル・キャピタル）の行動について、草の根から厳しい警鐘を発しつづける優れた思想家であり、運動家の一人です。

反グローバリゼーションを主導する国際的なNGO（非政府組織）「ATTAC」（本部フランス）の副代表として、国境を越えてかけめぐる「マネー」に課税し、基金をつくり、第三世界への援助に振り向けるべきだ、と主張する「トービン税」の実現めざし世界的規模で運動をすすめています。

彼女は、地球上に存在するもののすべてを利潤追求のビジネス・チャンスとみるような「グローバリズム」の思想と行動、その貪欲で本能的な行動に抗して「世界は商品で

はない」と叫び、現代世界の宿命とさえみられている「世界市場化」（グローバライゼーション）の波に翻弄《ほんろう》される世界のあり方を糾弾して、「もうひとつの世界は可能だ」と叫びつづけているのです。

人間生存にとって不可欠な公共財のすべてを、貪欲な利潤追求の対象に変えてしまうような世界経済のすさまじい奔流《ほんりゅう》、剝《む》き出しの資本主義ではなく、またその結果として生まれた激しい貧富の格差に覆われた「いま、ある世界」ではなく、それとは全く異なる、すなわちどの国の国民であれ、国籍のいかんを問わず、人間をこそ主人公とする「もうひとつの世界」に生きる権利があること、そのような世界を私たちは築き上げるべきなのであり、そしてそれは現実にも「可能なのだ」と唱えつづけているのです。

そのスーザン・ジョージにならって、私たちもまた「もうひとつの日本は可能だ」と声をあげ、熾烈《しれつ》な競争と生き残り戦争にのみ狂奔《きょうほん》し、何か、といえば、アメリカ発のグローバライゼーションを正義としてこれに追随し、グローバル・スタンダードなる呪文を合唱して飽きることのない「いま、ある日本」の進み方に、はっきりと異議を呈すべきときがきたのではないか、と思います。いまこそ、「もうひとつの日本は可能だ」と強く、透き通る声で叫ぶときではないでしょうか。

膨大な財政赤字、処理困難とさえみえる巨額の不良債権、あい次ぐ企業倒産、容赦ないリストラ、絶えることない過労自殺、際限もなく膨張する国民負担などなど。ごく普通の人の肩に収斂《しゅうれん》していく「痛み」の深さ、展望なき未来への「不安」の重さ。私たちにとっては、ときに絶望的とも思える日々がつづきます。

にかかわらず、このふくれ上がる社会の「歪み」を、あたかもこの国と国民にとっての「宿命」ででもあるかのごとく、平然と見下ろし、それでいて結局はアメリカ追随に終わる政治と政治家、識者、官僚……。すなわちこの国のエリートらに対して、いま、強く「私たちは反対だ」の声をあげたいということです。「あなた方の説く改革論、グローバリズム宿命論に、いったい何の正統性と根拠があるのか」と。

いま叫ばれる日本再生とは、かつての高度成長時代、もっといえばバブル燃え盛ったあの「虚の時代」への臆病な追憶、未練たらしい「夢よふたたび」のかけ声に過ぎないこと、すでに多くの国民が見抜いているところではないでしょうか。私たちはいま、この国の指導者たちが指し示す道とはまったく違う、もう一つ別の方向にこそ「未来への曙光《しょこう》」をみることができるはずなのです。その方向めざしてこその改革です。


社会に生きる人びとの間に分断と対立を煽り、競争一本やりが社会を活性化する道だ、などと唱える、もっともらしい改革論の虚妄を見破り、その逆に、人びとの連帯、参加、そして共生こそが何よりも社会を支える人間精神の基本だ、と大きな声をあげよう。

日常、安易に叫ばれる国際化とか国際分業論とは逆に、こと少なくとも食糧、エネルギー、人間関係（広い意味でのケア）に関して、地域内に自給自足圏を形成していくことが、真の国民的自立を果たす道であり、それがまた生きつづける地球、持続する世界へと軌道修正するための正道であり近道である、と叫ぼう。そのようなあり方を求めて、私は長い間、「FEC自給圏の形成を」と呼びかけてきました。フーズ（食糧）のF、エナジーのE（エネルギー）、人間を慈しむC（ケア）、すなわちFECの地域内自給自足権（圏）確立の意です。

このような方向へ向けて大きく舵を切り換えることこそが、真の「構造改革」なのであり、それとは逆に、この国で現実に進められようとしている改革なるものは、本当は改革などではない。

あたかも徳川時代の三大改革の真意が、幕府財政の再建にのみあり、改革の前途に待っていたのは働く農民への「増徴」（増税）であったように、現代もまたその本質は「いま、ある日本」のタガをさらに締めなおす「強権政治」の再来にほかならないこと、その正体のすべてをきちんと見抜こう。

そう呼びかけたい、というところに本書の主旨はあります。

繰り返せば、スーザン・ジョージにならって私たちもまた「もうひとつの日本は可能だ」と声をあげようとしているのです。

さて、長い二〇世紀の終わり近くのころ、来るべき次の二一世紀の姿は、まさに輝ける夢として描かれ、語られてきました。「二一世紀になると……こうなる」「来世紀には……「こうなる」など、未来予測はほとんど例外なく明るさと希望に満ちたものでした。

それが、いざ二一世紀の幕をあけてみると、世界はいきなり無惨な事件にたてつづけに見舞われるところとなりました。語られた夢のビジョンとはまさに正反対の現実が待っていたのです。

いうまでもなく、9・11同時多発テロであり、その報復を標榜するアメリカによるアフガニスタン攻撃、それにつづくイラク攻撃という暴力の連鎖でした。

人びとが期待をこめて待ち望んだ、より豊かで、輝く二一世紀とはおよそかけ離れた現実でした。いったい何が始まったのでしょうか。すでに多くのことが語られています。

私もまた、9・11同時多発テロという悲惨な、そして歴史的事件をどのような思いで受けとめたのか、事件後に受けた新聞、その他のインタビューなどに応えて発言してきました。


そうしたなか、とりわけアメリカによる対イラク攻撃について、私たちはどう受けとめるべきなのでしょうか。アフガニスタン攻撃と同様、イラク攻撃もまた9・11同時多発テロとの関連、さらに大量破壊兵器の隠匿、すなわち人類にとっての大きな脅威を未然にとり除く、というのが、当初、アメリカの掲げた大義でした。この大義ゆえに「先制攻撃」を正当化するアメリカの論理が組み立てられ、それに対し、私たちの国は積極的意思をともなう理解と支持を表明しました。

ですが、いまだ大量破壊兵器の存在証明につながる一片の証拠さえ発見されていません。

「大義」は時とともに移ろっていき、実は、フセイン政権の転覆、抹殺、そして何よりも「体制の総入れ替え」にこそアメリカの真意があったことが明らかになってきました。国連の決議もなく、イラク攻撃にアメリカを駆り立てた強い動機はいったいどこにあったのでしょうか。いまだ語られていない本質を、いちはやくＡＴＴＡＣのホームページ（本文英語）が示唆しています。イラク攻撃の本質を的確に透視していたからにほかなりません。

ポスト・フセインにおける「イラク改造戦略」、あるいは、かつてＧＨＱが占領下日本に適用した〝民主化政策〟を彷彿とさせる〝イラク占領政策〟（アメリカ自身は決してこの言葉は認めようとしないでしょうが）とは何でしょうか。

長いメッセージを要約して紹介してみましょう。

一、全面的民営化の推進

イラクの戦後復興、すなわちポスト・フセインのイラクにおいて、動員、適用されるべき「レッスン１」と呼ばれる教義がある。その教義の主眼は何よりもイラクの徹底した「市場経済化」「全面的な民営化」におかれていること。同ウェブサイトは、ヘリテージ財団が去年秋、招集した会議で示された論文を紹介している。論文にはこう書かれている。

「経済を復興させ、近代化を進めるには、ポスト・サダム政権は、他の国々の民営化キャンペーンと構造改革の経験を生かし、多くの経済政策面で協力を行う必要がある」

二、財産権の確立
もっとも重要な点は、現代イラクには現存せず、まだ確立されてもいない「私有財産権」を確立する近代的、合法的環境を整備すべきこと。現代イラクでは財産権の認識さえ十分ではない。(米国務省のワシントン・ファイル・ウェブサイトからの引用がなされている)

三、企業行動自由化の対象
さし当たって石油資源開発を含む鉱業、石油資源をベースとした化学工業、土木・建設業などなど。すべて自由な民間企業活動の対象とする。

イラク攻撃において何が目的化されていたのか。ATTACの伝えようとするメッセージが迫力をもって十分に伝わってくるのではないでしょうか。同ウェブサイトはウォール・ストリート・ジャーナル紙はじめヘリテージ財団などのシンクタンクが招集した会議、またロバート・マクファーレン(レーガン政権時代の国家安全保障担当補佐官)の最近の署名入り記事「イラクを民営化する」（ウォール・ストリート・ジャーノル紙）などを豊富に提供しています。

以上、もはや明らかなところです。

他の資本主義市場経済の国々と同じく、イラクもまた「世界市場化」の対象に組み込むべきこと。イラクを突破口に資本主義市場経済の精神と原理を中東、すなわちイスラムの世界に浸潤《しんじゅん》させ、彼らを市場経済に同化すべき、と説いている。

なかで語るに落ちた、というべきなのが、アメリカ保守系シンクタンクの主張です。多くの研究者たちが「サダム・フセイン後の体制は、ミルトン・フリードマンの原則によって再構築されるべきだ」と、イラク戦争に先立つ何カ月も前から幾度にもわたって主張を繰り返してきた、とATTACのウェブサイトは鋭く紹介しています。

ミルトン・フリードマンとは何者か、もういうまでもありません。規制緩和、構造改革、世界市場化の推進者にとって、まさに強烈な理論的指導の元祖。新自由主義経済そのものが、このシカゴ学派の理論を求心力に据えて世界に翼を広げていったものでした。「市場にまかせさえすれば、全てはうまくいく」と説く〝フリードマン亜流経済学者〟で現代日本は満ち溢れています。小泉政権を乗っ取ったのもまさしく彼らだったといっていいでしょう。このミルトン・フリードマンについては後章で詳述することにしましょう。

イラクを対岸の火災視している日本人ですが、暴力による強制的「新自由主義的市場化」の対象がイラクだったのであり、これに対してやや長い時間をかけ、ゆっくりと同じ目的を達成されてしまったのが、ほかならぬ日本だったということです。違いは「先行の同化国」と「後発の同化国」という一点にあるにすぎません。

　思い起こせば、すぐに分かるところです。冷戦構造崩壊後の旧社会主義諸国、また通貨危機に見舞われ、ＩＭＦ（国際通貨基金）の支援を余儀なくされた国々、すなわち支援と引き換えに〝ビッグバン・アプローチ〟と呼ばれる過激な「市場化」「民営化」「外貨蓄積策」を受け入れざるを得なかった国々。アメリカからすれば、冷戦構造崩壊後、世界に及ぼそうとした「世界市場化」運動という同じ原理の演繹《えんえき》作業の一過程に過ぎなかったことが分かるでしょう。

　これが、すなわちグローバライゼーション（グローバル化＝世界市場化）なるものの実質です。

　イラク攻撃で世界の焦点に浮上した米ネオ・コン（ネオ・コンサーバティブ＝新保守派）とは、この道筋、この方向性をさらに苛烈に、ときに暴力をもってしても追求すべき、それが即アメリカの国益である、とするイデオローグとみることができます。

　そこでは、「民主化」とはすなわち「新自由主義」（ネオ・リベラリズム）化とイコールなのであり、その真意は「世界市場化」にある。「民主」を標榜しながら、その実、共通しているのは、そのような文脈においては人間が主人公なのではなく、主人公は経済なのであり、人間といえば経済に従属する人間のことをいう、そういうほかにないでしょう。

デモクラシーとは何か、「経済の自由」イコール真の「人間の自由」なのか、人間はどうなるのか、私たちは根源から問いなおすべく迫られているのです。


アメリカはイラク攻撃を「イラクの自由（フリーダム・オブ・イラク）」作戦と命名しました。

ラムズフェルド国防長官は、陥落後のバクダッドを襲った略奪、暴動、秩序破壊の悲惨をどう思うか、と記者会見で問われ、「これが自由だ。富を築く自出があるならば、その社会には失う自由もある。それが自由の国だ」といった趣旨の答えを、独特の薄ら笑いを浮かべつつ、平然と返しました。会見での発言が電波に乗ってたちまち世界の隅々に伝わること、先刻、ご承知のうえの発言です。

いま、フセインの独裁・強権・圧制からイラク民衆は解き放たれた。リスクを冒して民衆を暴虐政治から自由にしたわれらアメリカ人に対して、感謝の気持ちを捧げてもらって当然、非難されるいわれなどない、そう言いたかったのでしょう。

フセイン政権の圧制、暴虐、非道ぶりは、むろんのこと、世界の知るところであり、一日もはやい解放が世界の望みでした。長い眼でみれば、民衆の解放は歴史的必然でもあったでしょう。

問題はラムズフェルド発言です。彼のこの言葉は、しかし、単なる勝者の傲慢を吐露しているばかりではない。実は、もう少し深い、いってみれば新自由主義（ネオ・リベラリズム）を理論づける〝学理〟といったものに根ざした信条といえる、ということ。この一点の洞察いかんが、イラク攻撃についての理解の深さを左右するのではないか、と思います。

誤解を恐れずにいえば、アメリカはイラク国民を圧制から解き放とうとしたのではない。

フセイン政権の非人道的強権政治を打倒しようとしただけでもない。

また、世上、いわれるように単にアメリカの石油資源戦略として行われただけでもない。

同様に、単なる復興ビジネスによる利益チャンスの創出、獲得だけが狙いだったわけでもないでしょう。

それらの深い底流のところに、すでに述べたように「アメリカ型資本主義の精神」の汎世界化、その尖兵としての「自由」、二つをセットにして初めて切り拓くことのできるフロンティアこそ、世界市場化である、という思想が流れている。この一点を、私たちはシャープに読み取らねばならぬ、と思います。

いったいイラク、イラン、ひいては中東全体の何が、アメリカにとって真の目障りなのでしょうか。

勝者といっても、初めから勝敗は明らか。「アメリカ対イラク」戦争という図式さえついぞ描かれることのなかった戦いでした。挑みかかったのは終始、一方的にアメリカだったのであり、そのアメリカが行った行動の性質は、国と国との「戦争」というより、一方（強者）による他方（弱者）に対する「暴圧的制裁措置」と呼んだほうがより適切でしょう。

ここで、『テロは世界を変えたか』というテーマで行われた一連のインタビューで、イスラムについて語った私の発言のごく一部を引用しておきたいと思います。アメリカ主導の「マネー資本主義」と「イスラムの教理」との間に、いかに深い乖離《かいり》があるか、「経済」の側面からも理解してもらえると考えるからです（朝日新聞　二〇〇一年一一月一四日　朝刊）。

（「――イスラムはマネー資本主義に対抗するものなのですか」の問いに答えて）

「イスラムでは労働の対価以外の報酬を受け取ってはならない。人もカネも神が与えたものであり、イスラムの金融機関は利子、利息の概念そのものを禁じている。預金にも利子はつきません。ゼロコストの資金を集め、自ら生産設備をあがなって起業家に提供しています。

リスクも成果も事業家と共有する。基本にあるのは喜捨の考えです。利が利を生むマネー資本主義に対するアンチテーゼがイスラムにある」

「イスラム銀行はすでに世界20カ国に広まっています。マネー資本主義とは異なる価値観であり、いま、世界に台頭している地域通貨などの思想とも通底するところがあります。世界市場化への対抗思潮として、その対極にあるものにとっては根源的な脅威と映るでしょう」

（「――イスラムが資本主義にとってかわるとお思いですか」の問いに答えて）

「いや、とってかわるのではなく、市場経済をより健全なものにする上で価値の高い対抗思潮だと思います。冷戦構造の時代には社会主義圏がその役割を果たした。年金、医療、福祉を含む広範な社会保障などの制度は共産圏にどう対抗するかということから、資本主義が渋々、譲歩しつつ生み出してきたものです。そうした対抗思潮がなくなって、マネー資本主義が自由に燃えさかったのが90年代でした」

同時多発テロ直後、「その対極にあるものにとっては（イスラムの教義は）根源的な脅威と映るでしょう」と発言しています。ここでその対極にあるもの、とは、まさにマネー資本主義なのであり、その価値体現の表象としての「アメリカ」を指していることはいうまでもありません。

労働の対価以外の報酬は受け取ってはならない、と説き、資本提供の根底に「喜捨」の価値観をもってし、利子、利息の概念そのものを禁じているイスラム。その教理をもってすれば、利が利を生むマネー資本主義はどのように映り、逆にマネー資本主義に乗ってつねに巨利を追求する行為それ自体を善としたい側にとって、イスラムはどう映るのか、ということです。

先のインタビューでも私は言及しました。

「世界をおおう金融システムに乗って、自己増殖しながら疾駆するマネーが、人間労働の成果や自然を含む資源を、貧しい国から富める国へと移す道具にもなっていた。資本にとっての『徹底自由』を世界同一の基準として確立しようとするところにグローバリズムの本質があったことも忘れてはならない」

ここで、もう一度、先に紹介したＡＴＴＡＣのウェブサイトを想起していただきましょう。

やがて始まるポスト・フセイン時代の「あるべき改革」として何よりも「財産権」の確立が唱えられています。

資本主義・市場経済における「私有財産権」の絶対的概念は、明らかにイスラム世界とは相容《い》れないものです。その異質の「私有財産権」、さらに「労働によらない対価」

を源泉とする「蓄財の自由」を奨励し、かつ保障するよう「法的環境」の整備をすすめる、それがポスト・フセイン時代に求められる改革だ、とアメリカはいっているのです。「私有財産権」は資本主義・市場経済の基本です。それはすなわち「民営化」なるものの制度的保障でもあります。

こうして「喜捨」でなく「利子・利息」を、また「労働の対価」でなく「キャピタル・ゲイン」（投下資本への収益の見返り）を、という一八〇度逆の価値転換を占領軍はイスラムに迫ることになるでしょう。果たしてイスラムは受け容れるでしょうか。

一九八〇年代末の冷戦構造崩壊、すなわち旧社会主義圏の盟主・ソ連の崩壊。その跡地に怒濤のごとく浸潤した市場主義的価値観。そのプロモーターこそは、利潤概念をまっ先にわがものとした投機家たち、ついで起業家たち、そしてついに資本家（表向きはともかく実質的な）でした。

体制の根源的崩壊を進めるうえで第一の手がかりとなったもの、それがいま述べた「財産権」と、その結果としての「格差」という甘い蜜であったことがわかるでしょう。東欧人民民主主義諸国のいずれもが、これにつづきました。米ソ対立に終止符が打たれ、市場経済側の勝利が不可逆のものとして確定した瞬間でした。

むろんのこと、私は八〇年代末の冷戦構造崩壊とイラクの体制崩壊を同一視したりしているわけではありません。同様にイラクとイスラムを同一視するものではありませんけれども、ブッシュのアメリカはいっています。

「かつて東ベルリンは東側の西側に対するショーウインドウであった。西ベルリンはまた東側に対して……。同様に、イラクの民主化は中東全域、全イスラムへのショーウインドウになる」と。

かつて新自由主義の旗手は、アメリカ・レーガン時代のレーガノミックス、イギリス・サッチャー時代のサッチャリズム、そして中曾根時代の日本でした。レーガン、サッチャー、中曾根の三人組は、ネオ・リベラリズム花盛り時代の象徴でした。その米、英が、イラク攻撃の実行者となり、日本はまたそれら盟友に対する〝積極的意思をともなう理解者〟という役割を果たした。これが単なる偶然であるはずがないでしょう。日本だけは国内世論向けと対米、対国連をまことに不器用に使い分けてやり過ごしたのですが……。しかし、こと少なくとも私たちの国が果たした役割について、私たち国民が無関係の第三者を装うことはもはや国際社会が許さないでしょう。

ところで、偶然のことではありますが、優れた二人のフランス人女性作家・思想家の著作について、私は、その日本版に推薦文を寄せるよう求められたことがあります。

一人がいま述べたスーザン・ジョージの著作『WTO徹底批判!』（杉村昌昭訳　作品社刊）、もう一人はヴィヴィアンヌ・フォレステルの著作『経済の恐怖――雇用の消滅と人間の尊厳』（堀内ゆかり・岩澤雅利訳　丸山学芸図書刊）でした。

その『WTO徹底批判!』のなかで、スーザン・ジョージは〝WTO的価値観の世界〟の前途に待つものとして、次のような恐怖を指摘しています。同書から引用してみますと――

（1）公共サービスを弱体化させるか、もしくは破壊する。
（2）小規模農業の従事者を破滅に追い込む。
（3）社会的既得権をおびやかす。
（4）すでに定着している国際法を破る。
（5）すでに不利な状態におかれている国々を、よりいっそう不利な状態におくことになる。
（6）文化を同質化する。
（7）環境を荒廃させる。
（8）実質賃金や労働基準を低下させる。
（9）市民を保護する政府の能力や、政府に保障を求める市民の能力を格段に低下させる。

それにつづけて、「現在のＷＴＯに反対している人々は、ＷＴＯがあらゆる人間的価値を犠牲にして（その上に）貿易を君臨させようとしていることを非難しているのである」と糾弾しています。

「財産権」の徹底確立を梃子に進められる「イラク民主化」の結果、何が前途に待っているのか。イラク民衆にとって最も早く、最も身近なところで起こる変化の様相を、右にあげたスーザン・ジョージの九項目の危険が予見的に描き出しているといえるでしょう。

「公共の企業化」と私はかねてより警告してきました。スーザン・ジョージの警鐘に深く通じるものがあります。

世界市場化を牽引する機関車役となっているのがまさにWTOでもあります。私の推薦文は次のようなものでした。

「誰のためのWTO⁉
いまや『WTO批判』の声が、澎湃《ほうはい》として世界にわき起こっている。多国籍企業の利益代弁者と化し、世界の貧富拡大に拍車をかけ、地球環境破壊の先頭にたつWTO――。WTOの仕組みと正体を徹底的に知り尽くしたスーザン・ジョージにして、はじめて暴くことができた現実。グローバリゼーションの暴力的な側面を余すところなく摘出した本書こそ、21世紀に生きる日本人にとって必読の書といわねばならない。一人でも多くの日本人に熟読いただくことを熱望する！」

スーザン・ジョージのいう「もうひとつの世界は可能だ」の深い意味を私は感じとる

ことができます。

そしてなぜ、私がフランスに注目するのか。

スーザン・ジョージは、『なぜ世界の半分が飢えるのか』と世界の矛盾に対して真正面から立ち向かってきました。長い時間、「グローバリズムは世界の富を増やしたか」と問うてきた私にとって、共感は深いものがあるのです。

一方、ヴィヴィアンヌ・フォレステルは「人間はもはや搾取の対象でさえなくなった、いまや人間は排除の対象になった」と書いています。私は次のように書いて推薦文としました。


「職なくば人間の自立はなく尊厳もない。市場に任せさえすれば全てはうまくいくと説く『市場原理至上主義』が猛威をふるう世紀末社会は人間を排除の対象となしはじめた。経済の主人公は人間であってその逆ではない。この当り前の真理が目の前で蹂躙されるのを傍観する知識人の頭上にヴィヴィアンヌさんは憤怒の鉄槌を振り降ろす。いまこそ経済の正体を見抜く英知をもたねば私たちは悲惨な高度失業の21世紀を迎えるほかにないだろう」


この二人のフランス人女性と私は怒りを共有することができます。

余談ながら、イラク攻撃に反対を唱えたフランスという国家と社会。そのゆえんを単に石油利権がらみの争い、という次元におとしめて求めてはならないと思います。

重要なことは、スーザン・ジョージやヴィヴィアンヌ・フォレステルが活躍するような土壌を守り、育て、持続する社会、そのような国民的反対運動の巨大水脈があってはじめて政府を動かし得た、ということです。国民が政府を動かしたのであって、政府や企業が国民を動かしたのではないということ。その意味で、あるいはレジスタンスの歴史に通じるのかもしれない。

さて、現在の日本社会について、はっきりと予見できることがあります。競争礼賛もけっこうですが、このまま進むとその競争はまさにレース・トゥ・ザ・ボトム、つまりは「ドン底へ向けての競争」に行き着くだろう、ということ。

私たちの努力の行きつくところ、まさしく「低位平準化」が待っているだろう、ということ。

高い志へ向けての競争ではなく、魂においても生活の日常においても、より低い水の流れへのサヤ寄せ競争という、余りにむなしい徒労のほかにない。

そのゆえに「もうひとつの日本は可能だ」と声をあげなければならない。

ところで、ここに一つの私事を記しておきたいと思います。それは私の原点ともいうべき戦争体験について、です。

長い間、「われを語らず」をモットーにしてきた私が、初めて明かした戦争中の体験です。

朝日新聞記者の武居克明氏が話を引き出してくれ、「時の贈り物」というコラムにまとめてくれたものでした。初めは別の話をしたのですが、最後に何気なく触れたもう一つの〝身の上話〟のほうに、武居さんが興味を示し、「そちらのほうでいきたい」という運びになってしまったのでした。人間を見る私の体温の由来を理解いただくことで、私の経済論を読者のもとに近づけたい、そのような思いに駆られてのことです。次の通りです。

（聞き手　武居克明さんによる前文）

人が生きていくための営みである経済が、今は人をなぎ倒していく。むき出しの競争に勝つ強いものが、正しいものでもあるのか。バブル以降変転する経済の言説の中で、常に「それで人間はどうなるのか」と問い続けてきた。

（いつも「そこに生きる人々」の姿が立ち上がってくる独特の視点はどう築かれたのか、それを知ろうとして、これまで個人的なことをほとんど語っておられないことに気づきました―の問いに答えて）

私は枕元《まくらもと》に台を置きましてね、位はいを並べているんです。父母のと一緒に、「第二の母」と呼んでいる人の位はいがあります。神戸大空襲で亡くなりました。五十四年前の三月十七日、小学校六年生だった私は盲腸で手術を受けました。前の年に母が病死しており、父が私に付き添うので、一人家に残される姉のために、その方が家に来てくださった。ご自身も夫を結核で亡くし、一人息子は応召で南方へ送り出していました。それまでも時々家に来て、母を亡くした私たちを励ましたり、手伝ったりしてくださった。

あの夜、家の防空ごうの、本来なら私が座る場所にいて、不発の焼い弾に直撃されて命を落としたのです。姉は無事でした。明らかに私と引き換えです。息子さんが帰る日を楽しみに、細々と一人で生きていたのに。

敗戦後、息子さんの戦死が伝えられました。父と私が遺骨を受け取りに行きましたが、箱の中はただの紙で、それを迎える人も、もうおられず。

私は小学生ながら、非情な罪の意識を持ちました。それからずっと、父と私はその方の位はいを持ち歩きました。その父も亡くなり、私が位はいを枕元においているわけです。仏壇に納めておく気持ちになれないのです。仕事もその部屋でしますので、いつも亡き人に接していて、そのことが、私の人間としての節度になってくれています。

た次第です。
私はあの少年の時に、「今後自分は、自分のことなんか話さないでおこう」と思っ
こうしてお話しする気持ちになったのは、一つは、年ですねえ。それと、私が経済
について言うことの背景をわかっていただきたい、という気持ちが強くなった。私は
何を見てきたのか。
あの時代に生き、罪の意識を何十年も引きずった人間は私だけではなく、たくさん
いました。幸せな母親などいなかったし、少年ですらそんな思いにさせた、そういう
時代でした。
そして戦後。神戸の地元紙に就職し、雑居ビルの中のたくさんの中小商社を訪ねる
ことから、経済記者としてスタートしました。そこで見たのは、米国のバイヤーたち
の身勝手に言われるままの弱小国の惨めさ、泣きの涙で耐える人たちでした。そうい
う人たちがあって、その後の日本がある。
（ここ十年、日本経済は混乱の渦中にあります）
この間の経済をめぐる言説はどうですか。マクロな経済数値をもてあそんで「人
間」を見ず、時流に便乗し世の中を見下して。「市場が淘汰《とうた》する」なんて、どんな怖
い言葉を口にしているかわかっているのか。切実な思いで生きてきた人々に比べ、な
んと軽薄な。
なりわい、営みとしての経済、それを侵すものに怒りを覚えます。

（朝日新聞　一九九九年五月二一日　夕刊）

繰り返しになりますが、私の原点は、この原罪意識のほかにありません。

今の調子でいけば、経済は栄え、その経済の手段と化した人間は滅びるでしょう。そうではなく、人間の顔をした本当の経済とは何か、を求めて『共生の大地』（岩波新書　一九九五年刊）に、次のように書いて「はじめの言葉」としました。これも再録しておきましょう。

「今日に明日をつなぐ人びとの営みが経済なのであり、その営みは、決して他を打ち負かしたり、他におもねったり、他と競《せ》り合うことなくしてはなりたちえない、というふうなものでなく、存在のもっと深い奥底で、そのものだけで、いつまでも消えることない価値高い息吹《いぶき》としてありつづける、それが経済とか生活というものではなかったのでしょうか。おぞましい競り合いの勝者だけが、経済のなりたちの決め手であるはずもないのですから」

バブル燃え盛るころ、「カット・スロート・コンペティション（喉元を掻き切る熾烈な競争）」などというキャッチフレーズがはやりました。ある著名な流通企業の社長は社員を前にこの言葉を頻繁に繰り返すことで知られていましたが、その後、カット・スロートされたのは、当の本人でした。

デモクラシーは戦後、戦勝国アメリカからの贈り物ということになっています。ほんとうでしょうか。昭和ヒトけたの私たち世代が思い込んでいたのは、戦争という「痛恨の代償」と引き換えにかち得たもの、それがデモクラシーだった、ということです。

いま、マネー資本主義が叫んでいるような、資産、財産を築く築財の自由だけではなかったはずです。

基本的人権という考え方はむしろ戦後日本と日本人が苦しみのなかからしぼり出したものではなかったのでしょうか。真の言葉の意味において民主主義を実現しようと激しく望んだものこそ、私たち日本人だったはずです、それをかくも軽々と放棄してよろしいのでしょうか。

私を駆り立てているもの、それはいまの経済のあり方、考え方に対する憤りというものです。

とはいえ、日本人が本当に変わらねばならないと思うことがあります。それは「強いものに弱く、弱いものには強い」という、どうしようもない性癖について、です。強いものには弱く、弱いものには強い、しかも弱いものに対しては徹底して強い、そういう現場を私は幾度となく眼にしてきました。

技術立国をはやしながら、たとえば、本当は現場で汗かく人に尊敬の念を払っていない。汗かく人に敬意をもたず、技術だけをあがめる。私を『匠の時代』という著作に向かわせた理由のひとつもそこにあったのですが。呼吸する生き物としての人間という原点に戻らないかぎり、人びとが望む経済もないでしょう。

私が〝水色の砂漠〟と呼ぶ、ホームレスの人びとの住むブルーのテントがいま日本列島をおおい始めた。これでいいのでしょうか。

こうした経済社会のあり方に対して、火の見櫓《みやぐら》に上がり警鐘を鳴らし続ける人が、一人でも増えてくれなければならないでしょう。

警鐘を鳴らし続ける人、火の見櫓にとどまり続ける人が必要なのです。私もまたその役割を自覚しよう、と期しています。

そのような思いをこめて、再び最近の私の記事を採録しておきたいと思います。「時のかたち」というコラムに五回のシリーズで書いたものの一つです。

一冊の本を開く。表紙裏の見開き両頁《ページ》が「手づくり索引」で満たされている。言葉が刻まれ、数字が並び、数字の頁をくると、瞬時に著者の思考にたどりつく。どの頁も赤い傍線と仔細《しさい》な書き込みで彩られ、本を閉じても、切れ込みの目印で頁を開けば、たちどころに目指す家路に戻る。迷路なき一冊の本を私はあくことなく見つめる。

本は哲学者・久野収著『神は細部に宿りたまう』(三一書房 昭和52年刊)であり、同著を書店で購入後、丹念な細工を施し、一語一語の活字を飲み込んだのが経済学者・岸本重陳である。いま、なぜその一冊が私の手にあるのか。贈り主は佐高信であった。

雑誌『世界』(岩波書店)での連載、佐高信の『面々授受——市民・久野収の生き方』が3月号で最終回となった。私は熱読《ねつどく》した。久野収終生の押しかけ弟子、佐高信はまた岸本重陳を敬愛する者として私と通じていた。1999年2月、久野収は逝き、同じ年9月、岸本重陳が後を追った。多数の蔵書が故郷の町に寄贈され、遺族から佐高は望みの書を贈られたという。

それが私へと回った。私は佐高信の好意に謝し、「これは私の一時預かり。必要なときはいつでも里帰りさせます」と手紙に書いた。『久野収集』(同)を編んだのも佐高信だった。

不思議な運命のその「一冊の本」に書かれている。

「少数派の抵抗運動は、これから多数派になる視点を象徴的に先取りする。いのちや生活において頂点同調主義ほど無力なものはない」

(内橋克人 「時のかたち——同調主義の無力」 朝日新聞 二〇〇三年二月二八日 夕

刊)

少数派になることを恐れることはありません。

少数派は必ず明日の多数派の視点を先取りしているのだ、という久野収の言葉は、また湯川秀樹の「真理は常に少数派とともにあり」に通じています。なんと私たちを勇気づけてくれる言葉であることでしょうか。

そのゆえに、やがて「もうひとつの日本は可能だ」もまた常識となるでしょう。その地点に向けて意思の共有を求めつづけたいもの、と期しています。

一章　私たちはどこにいるのか

沈黙と饒舌――二つの語り口

多分、それは私の記憶違いであるのだろう。壇上に立つ講師がついにひと言も喋《しゃべ》らず、黙然と講堂を出ていく。耳に残ったのは「では、みなさん、さよなら」だけだった。あるはずもない、と思われる鮮烈な過去がよみがえる。

遠い昔のそのころ、島尾敏雄はなぜ母校の高校生相手に講演など引き受けたのだろう、その期に及んでなぜ口を開かなかったのだろう、もはやだれも知らない。全校生徒を前に立ち尽くし、消えていった後ろ姿を、私は何度もたどりなおす。

年譜によれば、島尾敏雄は敗戦の年からほぼ7年を神戸に過ごした。高校の講堂に集められた私は、そのときすでに島尾作品『格子の目』(昭和24年発表)『出孤島記』(同)を読んでいたから、多分、「沈黙」は昭和25年のころではなかったろうか。

「群像」誌上に『出発は遂《つい》に訪れず』(昭和37年)を読んだとき、私は新聞記者になっていた。以後、『震洋発進』『魚雷艇学生』と元特攻隊長・島尾敏雄は書き続け、私はひそかに追随した。そして島尾敏雄も、隠れ読者の私も、ついに『死の棘』にゆき着く。昭和35年の第一章から最終章まで17年の時間だった(群像ほか各誌に分載)。

なぜに、かくも長き島尾敏雄なのか。50余年前の「沈黙」のゆえ、と答えるほかにない。

あるテレビ討論番組で吼える閣僚を「思考封じる饒舌《じょうぜつ》」と私は評した。私のなかの島尾敏雄は生き、某閣僚の流麗な昨日の弁舌は片鱗《へんりん》もない。

（内橋克人「時のかたち――沈黙と饒舌」朝日新聞　二〇〇三年一月二六日　夕刊）

「人間力」の衰退

徒労感と無力感

人間は何かの希望を明日に求めて生きていこうとするものです。

その希望というものを生み出しているのは信仰というより、人それぞれの信念だと思います。日本の戦後、人びとの間に一貫して流れていた信念、それは社会、世の中は、明日は必ず良くなる、そういう種類のものでした。単に、豊かになるということではなく、公正で道理が通って人間が尊重される。基本的人権の尊重、本当の意味で自分たちの生き方が、自分たちの労働が正当に報われる。そのような方向めざして社会が進む。

それは言い換えれば、大義ある社会、人間存在全体がきちんと扱われる社会、真っ当なまじめな人が主役でありつづける社会であり、そういう「実の社会」の実現を目指して努めてきた。利が利を生む、その強さ、大きさが〝正義〟の度合いを決めるという「虚の社会」、マネーが人間を支配する社会ではなく、額に汗して実りを得る実ある社会、それに向けて人びとは努力を重ねました。

戦後、日本人の多くはゼロから出発した。絶えず、この実ある社会に向けて時間は流れていく、歴史は流れていく。人間の営み、努力は必ず、よりよき次の社会を、環境を実現させる、とそう信じていた。一年後のより良き社会、三年後のさらに良き社会への進化を信じて、懸命の努力を傾注し、さまざまな制度を作ってきました。

戦後世代はみんながそうであり、私も含めた昭和ヒトけた世代が特にそうでした。人間がぼろくずのように扱われる、あのおぞましい時代から、人間として尊厳ある生き方をみんなが認める。そういう時代へ向けて動いていくと、信じたかったし、信じてもいました。

真っ当に働いて、経験を重ね、知識を蓄積していけば、自分の生存の基盤が、人間の生きる基盤が強靭なものになる。そして人の生は国家と社会が制度として保証してくれる。万一のときのためには健康保険、社会保障、年金など、数々の制度がスタンバイしている、そういう社会を設計しようとしてきました。働けるときは働くことで、社会の仕組み、制度をさらに充実させるのに役立ち、結果において人に報いていく。そういう社会の実現を目指して、戦後、懸命に人びとは生きてきました。

それは単に経済的成長だけを求めてのことではなく、人間として幸せな生き方、安全で安心して暮らせる、そこから得られる幸福感と充実感を原動力として、さらに社会を一歩前に進める道に通じると信じることができたからです。努力すれば社会が、さらに世界が、そして地球が変わり、進歩していく。

負担の公平を至上の価値として、政治、経済、教育等にさまざまな工夫を凝らし、その実現のための仕組みを築き上げてきた。浮ついたところのない、真実の思いから二一世紀こそは輝いたものとしてあってほしい、そう願って多くの人が夢と希望を語ってきました。

しかし、現実はどうでしょうか。希望と夢をもって語られてきた、そういう世紀の幕開けではなく、それとはまったく逆の、人間存在そのものが危機に晒されるほどの危うい状況に、日本人だけでなく、世界もまた追い込まれています。

いま、私たちを襲っている最大の無力感は、「今日に明日を継いで、真っ当な努力を積み重ねていけば、社会は良くなる、明るくなる、安心できる社会に近づく」と信じて営々と努力を重ねてきたそのことが、逆にそうではない社会を招き寄せる牽引力になってしまった、そういう歴史の事実を思い知らされたという究極の皮肉に発しているのです。二一世紀に入った途端にこれは違うぞ、と分かってしまった。その無力感です。とりわけ、それは、戦後、焼け野原から立ち上がってきた世代の人びとを強く襲っている無力感だと思います。

一部の成功者を除いて多くの人が、そこはかとない「不安」の中に閉じ込められている。絶えざる競争と絶えざる不安、まさにエンドレスな落伍恐怖症に苛まれています。心の安心は乏しく、宗教に救いを求める人も少なくありません。

自分たちがそう信じ込んで、努力すればよくなると思っていたことに、次々と裏切られていく。例えば戦争。国と国の戦いによって理由なく人の命が奪われていく。そういうことが二度とあってはならない、と必死に願って努力を重ねてきたにかかわらず、現実はその正反対。アメリカによるイラク攻撃ひとつを見てもそれは明らかでしょう。

ひとつひとつの人間努力が積み重ねられることで、世界は善と正義に向けて進む——という信念。それが見事に裏切られる世紀として始まったのがまさに二一世紀でした。私たちの「心の現在地」とはまさにこの徒労感と無力感のなかにあります。

私は一九九九年末、次のように書きました。

多元的経済社会への道標

「九〇年代最後の年から二〇〇〇年へ、西暦でいえば再び〝ゼロからの出発〟という感慨をもつ。

時が現在に近づくにつれ、世界は二つの教義、すなわち一元主義と原理主義のさかまく激しい潮流に翻弄《ほんろう》される小舟のようになった。二つの教義とは、経済における『市場一元主義』であり、宗教・民族においてはイスラムに象徴される『原理主義』である。

冷戦構造崩壊後、あらかた世界を一色に染め上げた市場一元支配社会はその原理を分断と対立と競争におく。一方の宗教・民族主義の拠り所は非妥協と排他と信仰である。後者（原理主義）は前者（市場一元主義）への対抗軸として、またときに前者から排出されるおびただしい数の敗者にとって救済の思想として機能している。〝ウイナー・テイクス・オール〟、すなわち一人の勝者がすべてを奪《と》る究極の市場一元支配社会は、必然として九九人の敗者を生み、その九九人の敗者こそがマジョリティ（多数派）を形成する時代が始まっているからである。前者が勢力を増し猛々しくなるほどに後者も勢いづく。

一人のビル・ゲイツの背後に幾百万、幾千万の非ビル・ゲイツ、反ビル・ゲイツのいることを世界は忘れていない。誰でもがビル・ゲイツになれるかのごとく規制緩和・改革・自由化・市場万能論をうたいつづけた九〇年代の日本の経済学者たちは、世にも空疎な幻想の語り手として記録されるだろう。

また、一方（市場一元支配社会）の『対立』と、そして他方（原理主義）の『排他』の原理の中間に浮遊する相対主義も危うい。それは、市場に囲い込まれた人びとの暮らしの実質において敗北する。私たちにとって相対化の目は欠かすことはできないが、相対主義は社会に根をはやすことはむずかしい。

いま『価値』の混沌という時代的特徴の向こうに何がほの見えているのだろうか。

やがて迎える新たな世紀を前に、市場一元支配主義の分断・対立に代えて、そしてまた原理主義の非妥協・排他に代えて、人間自然の姿として対抗できる脱出口は存在するであろうか。私たちはそれを問い、夢でなく現実を模索した。作業はいつも常識や通念への根源的な疑いに助けられる。

求められているのは『通念』を『自然な人間のあり方』を基底に据えてまったく新しい尺度のもとに引き出し、そして問い直すことである。数々の新しい尺度が生まれる」（以下略）

『内橋克人　同時代への発言8―多元的経済社会のヴィジョン』（岩波書店）

極めて暴力的な「ご破算主義」

いま、これに続けて、世界を覆いつつあるものは何か、と問われれば、私は迷うことなく、そのひとつは「ご破算主義だ」と答えるでしょう。

二一世紀、世界を覆い始めたのは、極めて暴力的な「ご破算」主義と表現すべきものです。あの、そろばんをはじく時、教師は「ご破算で願いましては……」と大きな声でかけ声をかけました。そろばんの練習に精を出す生徒は、そこでいっせいに指先で玉を元の位置にさっと切り戻す。つまりすべてを一からやり直す、それをご破算といいます。

世界を読み解くキーワードのひとつが、その「ご破算」主義なのです。よき努力も含めてすべてをご破算にする。すべてをゼロに戻してしまう。そして、この「ご破算」が何か経済的発展に結びつくとでも錯覚させるイデオロギーがすさまじい力を持ち始めた。「ご破算主義」の暴力性に怯《ひる》まない人はいるでしょうか。

「ご破算主義」には三つの意味があります。

まず、なによりもその時代の経済的、社会的権利のすべてを「既得権」とみなし、これを破壊する、というものです、日本の経済学者のあるものは、これをこそ「創造的破壊」だ、とかつてアメリカの経済学者が発した言葉をそのまま口真似し、何かの一つ覚えのように規制緩和一辺倒論イコール創造的破壊論を吼えまくりました。これこそまさに創造力なき「模倣語」の大氾濫ではありませんか。

彼らは、既得権をご破算にしさえすれば、日本にとって「陽はまた昇る」のだ、とあくこともなくご託宣をくり返してきました。結果、日本と日本人にとっての大いなる「不幸の一〇年」は始まりました。今日、ただいまの日本経済、社会の混迷が、彼らの論理の虚妄性を何よりも見事に証明しています。模倣語で社会が埋め尽くされたこの一〇年、少しでも「陽はまた昇る」の兆候は見えたでしょうか。

なるほど、クローニー資本主義（アジア的縁故資本主義）の側面、すなわち政官業一体となって張りめぐらせた既得権の網の目は、これを打ち破らねば明日の日本はありません。

むろんのこと、彼らの既得権は何としてもご破算にすべきです。

けれども、この一〇年、彼らが叫びつづけた既得権とは、経済的権益、独占権にとどまらない。もっとも重要な標的は「社会的規制」に向けられていたということです。

彼らにとって最大の目障りは環境という名の既得権であり、労働基本権という名の既得権であり、社会保障から最低賃金、教育、ナショナル・ミニマム（人間らしく生きるための最低限の生活条件）のすべてに至るまで、およそ企業経営、利潤追求にとって重荷となるような、被雇用者の基本的権利もひっくるめての「既得権」ということでした。なかに、「日曜日、お休みできるというのも（打破すべき）既得権ですよ」と仲間内の雑誌で高らかに公言した女性経営者もいます（なんと某経済団体の代表をつとめている）。

冷戦構造下、資本主義市場経済が渋々、譲歩してきた、すなわち私たちが戦後、営々と築き上げてきた「資本からの譲歩」「国家からの自由」としての生存権、すなわち人間生存にとって不可欠の安全、医療保障、景観、公共、すべてにわたってご破算にすること。それが真意であったということです。

いま、かつての軍靴の響きのように、隊列を組んで迫ってくるすさまじい地底の響きが「生きる・働く・暮らす」のすぐ間近なところまで迫っているのを、実感せざるを得ないのではないでしょうか。

その一方で、クローニー資本主義からの脱却は「市場にまかせさえすれば、うまくゆく」と楽観的です。そんなことは可能でしょうか。市場に任せれば、以上に述べた「人間破壊」もまた、ますます強烈に、ますますスピードを加速して、進まざるをえないでしょう。

「ご破算主義」の本質について指摘すべき第二の点は次の通りです。

既得権にあぐらをかくことは許さない。ゼロから再出発して公平な競争の出発点にすべてのレース参加者を並ばせるべきこと。これは確かに望まれる企業間競争の鉄則です。けれども、抽象的存在としての企業でなく、呼吸する人間にとって、ここで絶対とされる徹底した「競争至上主義」は何をもたらすでしょうか。現実は、しばしば破壊的競争の結果、繰り広げられるのは「レース・トゥ・ザ・ボトム」（どん底に向けての競争）であり、そのような社会をそのままにした競争至上主義では、結局、もたらされるのは「低位平準化」（人間生存の条件において低いほうにサヤ寄せされる）のほかにない、そういう方向に向かわざるをえないということなのです。

また、大（巨大資本）と小（中小企業）が同じ土俵で戦えば、十中八九、大が小にうち勝つのは目に見えています。重要なことは「大と小の間の剝き出しの競争（戦い）でなく、両者の間の競争をしていかに公正たらしめるか」というところにあったはずです。

その道を求めてこその戦後日本の営々たる努力でした。この原理、努力までもはや古いのだ、という。

それで、既得権排除の先頭をまっしぐらに疾駆してきたオリックスの宮内義彦氏。その宮内氏は総合規制改革会議を舞台に電力はじめその他、業界の規制撤廃を激しく叫びつづけてきた〝先駆者〟ですが、背後では、かの醜聞にまみれた米エンロンの日本上陸を手引きしていた。なんのことはない、もっとも強硬な規制緩和・撤廃論者が、ほかならぬ怪しげな外資の水先案内人だった、というのですから、企業家倫理とはまこと不思議な存在というほかにありません。

エンロンがどのような企業で、なぜ米政府をバックに世界のエネルギー規制撤廃を強引に主張してきたのか。グローバリズムのけん引役を担ってきたのか。

そして、その後、この巨大企業はどうなったか。米エンロンやワールドコムの正体、悪質な錬金術については、後述します。

既得権糾弾大いにけっこうです。けれども、既得権益に代わる新規の甘い権益にまっ先に与《あずか》れる人と企業が、絶大な権限をもつ総合規制改革会議の議長の座に、もう何年にもわたって居座りつづけている。これこそまさに既得権ではないのでしょうか。

私は「競争セクター」と「共生セクター」の併存する「多元的経済社会」が二一世紀のあるべき姿だ、と主張してきました。分断、対立、競争が原理の競争セクターもときには必要でしょう。けれども、同時に連帯、参画、協同が原理の共生セクターが足腰強く育つ社会でなければ、私たちの二一世紀は極めてミゼラブルなものになってしまうだろう、といいつづけてきたのです。その後者、すなわち共生セクターを鼻の先で一笑に付しているのが、ほかならぬ彼らです。

　以上、これがご破算主義のもたらす第二の危険です。

　そして第三は、もう指摘するまでもないところです。ご破算主義は当然のルール・ブックの変更をもたらします。「ご破算で願いましては……」のあと、それではだれが新しいルールを決めるのでしょうか。むろんのこと、それは最後の勝者です。競争至上主義の行き着くところ、待っているのは「ウイナー・テイクス・オール」(一人の勝者がすべてを奪う)という結果のほかになく、ご破算論者もそのことは認め、かつ礼賛しています。一人の最後の勝者が新しいルールを決める。

　そのうえ、規制緩和、構造改革論は「小さな政府」論ともつねに一体です。政府機能を悪として排除し、すべてを市場に任せることを善とする。正当な政府機能をも最小化すればするほどよい政府だ、というのですから、ルールの策定も民間の最終勝者にすべて任せられる。勝者に都合のよいルールへとルール・ブックは書き換えられていくでしょう。

　現実に世界は「一人勝ち」社会へと驀進しています。国際的に見れば、世界の心配、すなわち「アメリカ一極集中」(ユニラテラリズム)もその帰結の一つにしかすぎません。

　ところで、ここで断っておきたいのですが、私は何が何でも競争が悪だといっているのではありません。厳しい生存競争の生物界を観念的に否定しているのでもないのです。

逆に私たち〝もの書き〟の世界こそ、激しくも苛烈なる競争の世界にほかならない。

私はこの世界で少なくとも過去、何ものにも属さず、そして肩書きもなく、辛うじて四五年を生きぬいてきたものの一人です。観念的で、きれいごとの競争排除論者などでありえるはずもないでしょう。

これはすでに書いたところですが、私がもっとも嫌悪するのは「自分だけは安全な塹《ざん》壕《ごう》に身をひそめながら、競争こそは善だ、と叫び、適度な失業は経済安定に欠かせない、といい、構造改革に痛みは不可避だ、と説教をたれるエリートたち」です。なぜか、政権にスリ寄る日本の主流派経済学者にこのような人が多すぎる。

私は基本的にそういう人間を信頼していない。多くの人物を目の前にしてきた結果の悲しき結論です。

以上、ご破算主義、すなわち小泉流構造改革について三つの特徴を指摘しました。

構造改革論者の〝教祖〟、ミルトン・フリードマンという人物

ここで、「読者へ」で述べたポスト・フセイン時代を構想するアメリカの「イラク民営化」戦略なるもののページを、もう一度、めくり直していただきたいのです。

そこに登場する「フリードマンの原則」なるものの「ミルトン・フリードマン」とはいったいなにものでしょうか。

日本の構造改革論者、といっても小泉政権などにおいてこの構造改革という言葉は、本来の歴史的意味とは全く異なって用いられている「政治的キャッチフレーズ」の一つにすぎないのですが、その彼らが教祖と崇めるアメリカの新古典派と呼ばれる経済学者です。この人物について、これまで余り日本では語られてこなかった実像を紹介しておきましょう。

私の尊敬する経済学者、宇沢弘文・東京大学名誉教授が語ってくれた話です。『経済学は誰のためにあるのか――市場原理至上主義批判』（内橋克人編・著　岩波書店刊）のなかに収録されています。

「（**内橋**……本来、日本の経済学には、もっと分厚で、豊かな蓄積があったのではないでしょうか。こうした現実をみておりますと、いま強く求められているのは、規制緩和一辺倒論、その背景をなす空想的市場主義に対して、きちんとした学問的、論理的蓄積をもって批判をくわえていく、そして日本社会にとって真にあるべき規制緩和の方向性を示す、という作業ではないだろうか、と考えますが、いかがでしょうか。――の問いに対して）

宇沢　もともとディレギュレーションというのは、アメリカの一九六〇年代半ばごろからその萌芽が見えてきて、七〇年代を通じて一つの大きな社会的、政治的な流れになっていった考え方で、それが日本に輸入されていると理解していいかと思います。

ディレギュレーションはシカゴ学派の経済学者、とくにミルトン・フリードマンとジョージ・スティグラーが中心になって展開した考え方で、それがアメリカではレーガン大統領、イギリスではサッチャー首相、日本では中曾根首相といった人たちによって、政治的プログラムにつくり上げられていった。いまもその流れに乗っているのです。

ここでひとつのエピソードを紹介しましょう。一九六五年に私はシカゴ大学にいたのですが、お昼は教授たちがみんな一緒に食事をするのです。ある日ミルトン・フリードマンが興奮して遅れて食事の席についてこういう話をしました。コンチネンタル・イリノイ銀行というのがシカゴにありますが、その日の朝、フリードマンは銀行の窓口に行ってイギリスのポンドの空売りを一万ポンドしたいと申し込んだそうです。そのとき一ポンド＝二ドル八〇だったのですが、それが二ドル四〇に切り下げられることがほぼ確実にわかっていて、事実その二週間後に切り下げられたのですが、そのとき空売りすると、巨大な投機の利益を得ることができるのです。

しかし、その銀行のデスクがフリードマンに向かって答えたのは、「ノー、われわれは紳士（ジェントルマン）だからそういうことはやらない」ということだった。フリードマンはそれを聞いてカンカンになって、帰ってきて、資本主義の世界では儲かるときに儲けるのがジェントルマンなのだ、と真っ赤になって大演説をぶったのです。

そのコンチネンタル・イリノイ銀行はシカゴ大学のメインバンクでしたが、非常にいい銀行で、マネタリー・ディシプリン、金融機関の守るべき節度をよく守っていたことで有名な銀行でした。米国では一九三四年に銀行法が改正されましたが、その改正の趣旨は、大恐慌の原因がバブルの形成、とくに株式市場で人々が投機的な取引に走り、それに銀行が巨額な貸し付けをしたからだという認識に立っていました。ルーズベルトのニューディール政策の第一号が銀行法の改正だった。そこに、銀行は投機という反社会的な行動、あるいはそういうプロジェクトに貸し付けをしてはならないという条項が入ったのです。

こうみてくるとよくわかるように、フリードマンたちが主張したのは、ニューディール政策の一環であった銀行法の規制を取り払うこと（ディレギュレーション）だったのです。

同じころに、ジョージ・スティグラー教授は『独占はすばらしい』という小冊子を書きました。これは、独占は独占者にとってすばらしいことだということを、いかにも社会的にすばらしいかのようにすり替えた本だった。

シカゴ学派は、ミルトン・フリードマンやスティグラーが代表するようにいわれていますが、実はそうではないのです。フランク・ナイトという経済学者がシカゴ学派のいちばんの指導者でした。私がいた当時はもう八〇歳を超えていましたが、毎日研究室にきておられ、私も個人的に親しくしていただいた。

そのナイトがそういう話を聞いて激怒し、みんなを集めて、フリードマンとスティグラーを破門したんです。今後二人は自分のところで博士論文を書いたと言うことを禁止すると言い渡しました。

なぜかといいますと、フランク・ナイトの思想は、ジョン・デューイとかソースタン・ヴェブレンがバック・グラウンドをつくったリベラリズムなんです。リベラリズムというのは、人間の尊厳を守り、自由を守ることを基本にして、経済的、社会的、政治的なシステムを考えていこうという考え方です。ジョン・デューイはそのリベラリズムの考えに基づいてアメリカの学校教育の理念をつくる。フランク・ナイトはリベラリズムの経済学を完成させたのです。ところが、フリードマンやスティグラーの考え方は、人間の尊厳を否定して自分たちだけがもうける自由を主張するというものです。これに対してナイトは激怒したわけです。人間の尊厳と自由といった場合の最も大きな原則は、他の人々の自由を侵害してはいけないということなのに、かれらはその点を無視したからです。

もう一つ、フリードマンはそのころこんな発言をしています。一九六〇年代の半ばごろ、黒人差別の問題が大きな問題としてクローズアップされてきたのですが、フリードマンは、黒人の問題は貧困の問題だ、と主張した。黒人労働者は景気が悪くなるとまず第一に解雇される。それは、差別の問題ではなく、企業が必要とする技能とか技術とか能力をもってないからだ。なぜもっていないかというと、黒人は十代のときに、勉強するか遊ぶかという選択を迫られて、遊ぶことを選択した、それは結局その黒人の合理的な選択であって、それに対して経済学者は文句をつけることはできないのだ、という主張でした。

これは大学院生を集めたワークショップで行われた発言でしたが、そのときに一人の黒人学生が立ち上がってフリードマンに、「私に両親を選ぶ自由があったでしょうか」と鋭く質問をした。いまでも私はその情景をよく覚えています。

つまり彼らの考え方は、結局そのときどきの最も経済的な強者、あるいは大企業に利益を追求することを認めよ、ということです。これが彼らのいうディレギュレーションの本音なのです。

日本で規制緩和というときには、いろいろなものがまじっていて、フリードマンたちの本音がオブラートに包まれて、いかにも政府の介入をなくして、民間の自由な活動ができるようにするための議論と短絡的に受け取られているのではないかと思います。もう少し規制のもつ意味とか、緩和がどういう背景で、どういう流れのなかから展開されてきたかということを考えるべきだと思います」

「経済的強者の自由」を「社会の自由」にスリ替えたフリードマン

宇沢氏との対談を続けましょう。

「(内橋……なるほど。いまのお話で、現在の規制緩和論の歴史的背景と本質がたいへんよく分かったと思います。その時代その時代、経済的強者にとっての自由の追求を、よりひろく社会的に追認させ、公認させる論理につながっていくということですね。

――の問いに対して）

宇沢　こういう考え方を徹底させますと、ゲリー・ベッカーのように、この合理主義的な考え方を、経済現象だけでなくて、人間の行動すべてに適用しようとする。彼の書いた『結婚の経済学』は、人が結婚するかどうかというときには、結婚したときにどれだけ儲けがあるか、逆にどれだけコストがかかるかということを計算して、儲けが多ければ結婚するというものです。『離婚の経済学』というのもあるし、『自殺の経済学』まで考えた（笑）。『犯罪の経済学』というのは有名な仕事ですが、人が殺人をするかどうかは、殺人をしたときの喜びと、捕まって死刑になるときの苦しみを確率的に比較してみて選択するというのです。

フリードマンは麻薬についても、まったく規制すべきでないといいます。一人ひとりが自分で判断して、麻薬の楽しみと中毒になったときの苦しみとをはかって選択すべきだというのが、フリードマンの主張です。

（中略）

（**内橋**……また一方、賃金に関しても、ＯＥＣＤ（経済協力開発機構）は深刻な失業問題の解決には、これまで各国が築き上げてきたナショナル・ミニマム、シビル・ミニマムの切り下げもやむを得ない、雇用・労働の最低基準についての規制の見直しもやむを得ない、先進諸国では硬直的な雇用システムからもっと柔軟で自由な雇用形態へと転換していくことが、最終的に雇用チャンスの拡大につながる、などといった趣旨のリポートをまとめております。

長い時間をかけてつくりあげてきた最低賃金制とか、人を雇用するに当たっては最低限この条件を下回ってはならないという先進諸国での規制を見直さないと、失業問題はいっそう深刻なものになる、というわけですね。これらの説もまた日本の経団連や日経連、経済同友会など財界がいちはやく採り入れ、派遣労働やパートタイマーなど非正規社員の拡大に活用し始めたグローバル・スタンダードの一種です。

このような潮流に対して私たちはどう対処すべきなのでしょうか。——の問いに対して）

宇沢　その点についても、またフリードマンを例に出しましょう。彼は極端な形で考え方を主張している人なので便利なんです（笑）。

彼は、最低賃金制度が雇用を阻害しているという主張を繰り返し展開した。ケインズはそれに対して、賃金の水準によって、あるいは賃金を下げたから雇用が増えるのではない、ということを『雇用・利子及び貨幣の一般理論』で主張した。雇用というのは、経済全体に、モノやサービスに対する需要がどれだけあるのかということで決まる。いわゆる有効需要の考え方です。ですから賃金を下げると、労働者の所得が減って、労働者は消費性向が高いですから、総需要が減る。逆に賃金を上げると、総需要が増えて、労働

景気は上向きになるというのがケインズの主張で、ケインズ経済学が戦後、新古典派の経済学にとってかわったわけです。（略）

ベトナム戦争で、アメリカの倫理は混乱し、完全に壊されたと私は思います。倫理的な崩壊の後だからこそフリードマン流の考え方が大きな流れになっていった。ですからその後、一種の末期的な状況が支配しているのではないでしょうか」

本来の意味でのシカゴ学派ではないミルトン・フリードマン。そのフリードマンを神のごとく崇める日本の経済学者らが、政府を乗っ取っている間に、いったい何がこの国で進行したでしょうか。

いま、アメリカの「イラク版ＧＨＱ」が展開すべし、としている「フリードマンの原則」なるものの正体が浮かび上がってくるのではないでしょうか。

何を目的としてのイラク攻撃だったのか。アメリカの真意をこれからも執拗に歴史のなかに問い続けなければならないと思います。

阪神大震災・被災地の全日本化

ところで、全国各地を歩く機会の多い私ですが、行く先々、受ける衝撃の度合いは日ごとに強く、深く、激しいものになってきました。

東京、名古屋、大阪などの大都市で、もう長い時間、見慣れた風景となっていたホームレスの人びとの最後の生活拠点、あのブルー・テントの列が、地方都市の駅や地下道、また、たとえば地方空港から市街地へと至る高速道路の橋桁の下、市街を流れるささやかな小川の縁などに沿って、至るところ、見られるようになっています。

大都市から地方都市へと外延化するそれらの光景は、しかし、いまやさほど珍しくもなくなってきました。博多空港から同市内に至るわずかな距離の途次にも、しだれ柳の長い枝葉に身を隠すように肩を寄せ合うブルー・テントの連なりを見ることができます。

進んでいるのは、大震災後の神戸を覆ったあの〝水色の荒野〟、私の視野の中で風もないのに頼りなげに揺らぎつづける蒼茫とした荒野の「全日本化」ともいうべき情景です。

ふるさとは神戸をおいてほかにない私は、神戸・淡路大震災後の日本政治の非情に打たれ、私たちの社会をこれから見舞うものは「被災地の全日本化」のほかにないといってきました。前著『浪費なき成長』（二〇〇〇年二月刊）でも強く指摘したところです。

「被災地の全日本化」という言葉に私は多くの意味を込めたつもりです。

当時、大震災からの復興をめざす国の施策は、被災地に生きる人びとの生活復興より生産大国日本の産業基盤の回復に力点が置かれたことは明らかです。つまり基幹道路や港湾の復興、超高層ビルはじめハコものの都市再開発、土木建設事業で瓦礫の跡地を埋め尽くす。人びとの生存条件の回復優先ではなく、生産条件の「可及的速やかなる回復」をめざす事業が、最優先されたのです。

倒壊した高速道路の復旧は目にもとまらぬスピードで進むその横で、被災者の仮の宿、ブルー・テントはいつまでも消えることがなかった。

「公共事業の日本的あり方」の踏襲そのものの復興事業は、それでは被災地の地域経済の救済、そして活性化に真に役立ったのか。

ハコもの公共事業は経済を真に活性化させる力を発揮したのか。そうではなかったではないか、と、そのような怒りの問いかけを込めた言葉でした。

そしていま、八年前、あの大震災被災地で、私の抱いた危惧が「日本の現実」になりつつあります。

二〇〇三年三月、ホームレスの人びとについての政府調査が発表されました。

路上に生きることを余儀なくされているホームレスの人びとは全国に二万五〇〇〇人と数えられました。二〇〇一年九月に行われた前回調査時にくらべて一二〇〇人ふえています。

調査結果では衝撃的な事実として、路上生活を始める前は「正社員」（常勤職員・従業員）だった、すなわち勤め人から路上へ、と直行したという人が全体の実に四割を占め、そのうえホームレスになった理由の多くが「仕事減」「倒産」「失業」に発している事情も明らかになりました。

うち二〇〇〇人への面接調査では、平均年齢五五・九歳、半分の人が「仕事があれば何とか就職したい」と答え、半分近くが「体調がよくない」と訴え、そのうち七割の人が治療も受けていない、と答えています。

一日三食にありつける人は三〇％にも満たず、一日一食が一七％もいた、と調査結果は伝えているのです。

これが経済大国日本の現実です。

ここに紹介した政府調査から、日本の現実をあぶり出すことができます。

ホームレスの人数の多い都市、また同じ地方でもホームレスが増加した地域社会では同時に失業率が高いこと。その高い失業率をもたらしたものがあい次ぐ大企業の工場閉鎖と無縁ではないこと、など、相互の関係です。

たとえば大阪府。今回調査では前回にくらべて一七〇〇人以上、ホームレスの人数が減少してはいるのですが、しかし、それでも七八〇〇人近く存在する。東京都の六四〇〇人よりはるかに多いことがわかります（東京都は六五〇〇人近い増加）。

これを両都市の「都道府県別の完全失業率試算値」（二〇〇二年平均＝総務省）に照らしてみると、大阪の完全失業率は七・七％、これに対して東京は五・六％。ほぼ全国平均並みの東京、それに対して大阪は沖縄（八・三％）についで全国第一位の高い失業率です。近畿二府四県の失業率の高さはかねてより注目されてきたものです。因みに全国平均は五・四％でした。

サービス、情報産業などを中心に、比較的雇用機会に恵まれた首都・東京、これに対して中小・零細な日本型自営業のひしめく大阪。その大阪に雇用からはじき飛ばされた職なき人びとが多く輩出し、滞留している。この厳しい雇用環境とホームレスの人数の多さとの間に何の関係もない、などという人はいないでしょう。

一方、地方都市でも同様の傾向を指摘することができます。秋田、宮城、青森、北海道などは、いずれも完全失業率六％超。全国平均をはるかに上回る失業率です。

これに対応するように、それら地方都市でホームレスの人数もまた増えているのです。絶対数はまだ大阪、東京、名古屋などにくらべ、ケタが違いますが、どちらかといえば、農業という「受け皿」を維持するこの地域でさえ、少なからぬ人びとが路上生活を余儀なくされている。これがいま、この国で進行しつつある裸の現実です。


私はデンマークの環境知性といわれるヨワン・ノルゴー博士とNHKのTV番組で対談をもったことがあります。本番の始まる少し前、控え室でノルゴー博士が何気なく呟いた言葉を、いまも忘れることができません。

「私たちの国には、格別、世界に誇るべきものは何もありませんが（私は大慌てで「そんなことはありませんよ」といいましたが）、ただ一つ、ホームレスだけは一人もいません。ただし、趣味でやっている人は別ですが……（笑い）」

同氏が風力発電の王国、デンマークの「再生可能エネルギー」について、制度と技術の生みの親であることは、よく知られた事実です。

以上、ホームレスと失業率との相関性について指摘しました。ここで問題提起したいことは、九〇年代を通じてこれらの地方はまた「工場閉鎖」の波をあい次いで受けた地域社会でもあり、遡ってみると、高度成長の時代には「一村一工場」などの提唱に呼応して、大企業が工場を分散・立地した地域でもあったということです。

その工場が去っていく。

激化する国際競争の荒い波に呑まれ、工場閉鎖は加速しています。エレクトロニクス、自動車、精密機械……。著名企業の中国、アジアへの生産拠点の移転はスピードをあげ、なかには工業用計測器のあるトップメーカーのように、国内一五もの工場のいっせい閉鎖・再編、そして中国への全面移転を進め、地方自治体にショックを与えた企業も少なくない。

なかにはつい最近、他の工場を統合し、集約した工場を、またもや閉鎖というケースも珍しくなくなってきました。長年にわたって練り上げてきた「街づくり」のマスタープランの白紙還元を迫られている自治体のなんと多いことでしょうか。迫られているのは地方財政、土地利用の両サイドからの根本的見直しです。

いま、この国の宰相は「聖域なき改革」などと得意げですが、改革とは何でしょうか。進んでいるのはまさに「聖域なき工場閉鎖」です。工場閉鎖―中国・アジア移転は地域に対して、どのような副作用を残していくでしょうか。

一　地方工場はほとんどが「地元雇用」。大手企業の地域工場は日本的な企業城下町を形成してきました。工場が閉鎖されると、正社員に限らず、パート社員も含めて離職せざるを得なくなり、失職者の生活、当然ながら地域社会全体が極めて不安定化せざるをえないということです。

二　各自治体が工場誘致に熱をあげた時代、自治体は固定資産税の減免などの優遇措置を競い合って、ついに誘致に成功した、という例も少なくありません。地元の負担、犠牲に助けられて操業を始めた工場。その工場の撤退・閉鎖によって、副作用は地元にしわ寄せされる。自治体の税収源は確実に消滅します。

三　一工場の閉鎖は下請けの町工場、商店街、各種の取引先へと、打撃が広い範囲に波及していかざるをえない。それが地域社会の現実です。

日産自動車のゴーン氏といえば、いまやこの国のヒーロー扱いです。小泉首相までが有り難くレクチャーを頂いたことでも話題になりました。日産自動車の閉鎖された工場の地元を歩いてみることをお勧めします。失業ひとつ、企業にとってのマイナス要因はすべて「地域社会」にふるい落とされている現実を見ることができるでしょう。閉鎖された工場の一つの所在地を例にとれば、武蔵村山市は再活性化に苦悶しています。

東関東で失業率の高いのが、埼玉県（五・八％）、東京都（五・六％）、ホームレスの人数が多いのは東京都、神奈川県、埼玉県です。

地域社会全体の活力、経済力、雇用力と、地域に生きる人びとの生活は密接に結びついたものであり、その社会的責任を自覚する企業、工場もまたこの日本には存在している。

よりコストの安い海外への生産拠点の移転をグローバリズムにともなう必然であり、宿命であり、それにとどまらず、これを得意げに礼賛する論者で日本は溢れています。何か、一歩進んだ国際派企業ででもあるかのように……。けれども、企業経営者に実際に会って聞くと、誰もが「苦渋の選択」という言葉を口にします。学者も含む気楽な論評家たちとは大違いです。

まして一国の宰相にとってゴーン流が何の参考になるのでしょうか。企業は大リストラで従業員の首切りはできても、「国民」のリストラ、首切りが許されるはずもありません。

他国の話は持ち出したくないのですが、進出アメリカ系工場による同様のリースを決して容認せず、米系多国籍企業に閉鎖を思いとどまらせたヨーロッパの宰相が現存します。

地域社会とともに、の工場立地理念はもはや時代遅れ、と説教する発言者が、この国で大活躍ですが、彼らの説こそ、いまや時代遅れであること、私は多くの企業トップの冷笑の声で聞き知っています。経営者のほうが苦悶している、というケースも少なくない。

キャッシュ・フロー経営の時代、工場閉鎖、人員整理、地域社会破壊が、株価上昇をもたらす。その仕組みを当然とする浅はかな「宿命論」こそが、「九〇年代日本」混迷の因をつくってきた、そう私は断言したい。

失業率、ホームレス、工場閉鎖とみてきました。

どれをとっても「政治」が生み出したものであることは明らかです。いま議論されているインフレ・ターゲット論であれ、その否定論であれ、このままでは結果は同じ道筋をたどることになるでしょう。

人間を人間とみない、人間を潰すことで株価を上昇させる、そのような社会を全面肯定する識者らの説教に、これから二一世紀の未来に向けて、いったい何の意味があるのか、と私は問いたいのです。

進む「ダウンサイジング・オブ・ジャパン」（萎みゆく日本）

ニューヨーク・タイムズ紙が「ダウンサイジング・オブ・アメリカ」と題する大型連載企画を七回にわたって紙面に掲載したのは一九九六年三月のことでした。

副題は「大量失業に引き裂かれる社会」（矢作弘訳　一九九六年一一月　日本経済新聞社刊）となっています。当時のアメリカは「雇用なき繁栄」といわれ、マクロの景気回復にかかわらず、勤労者の雇用はいっこうに回復しない、という状態がつづいていたからです。

景気回復と雇用環境の改善が併行するのでなく、もはや両者は対立関係か、もしくは分裂状態に立つ、という「終わりなき雇用調整」、「エンドレスな人員整理」の構造が経済そのもののなかに組み込まれてしまった時代でした。

この質的変化をジャーナリストの目が鋭くとらえていく。

企業が大規模なクビ切りを発表すると株価が上がる、そういう時代の本格的な到来を意味していました。冒頭に紹介した、フランスの作家、ヴィヴィアンヌ・フォレステルが怒りを込めて「人間は搾取の対象でさえなくなった。いまや人間は排除の対象になった」と書いたゆえんです。

いま、同様に私たちは「ダウンサイジング・オブ・ジャパン」といわなければならない。

衰退、衰微、退潮への道をたどり始めた「萎みゆく日本」とみることもできるでしょう。

構造改革、規制緩和、景気対策……万能薬のごとくいわれたそれらの処方箋に沿って、「市場」なるものを広げれば広げるほど、ダウンサイジングは進行していく。思い通りの効果が現れないとき、政策形成者とその追随者らが必ず口をそろえていう言葉があります。

「もっと構造改革を」「もっと規制緩和を」です。そして「抵抗する官僚」「既得権にしがみつく守旧派」というお定まりのイメージがこれにつづく。もはや私は聞き飽きました。

同じジャーナリストでもニューヨーク・タイムズ紙の彼らは違っていた。何がおこっているのか、何が問題なのか、きちんと見抜いて切り込んでいます。

新自由主義（ネオ・リベラル）改革という名の「企業行動自由化」が進めば進むほど、「ダウンサイジング・オブ・アメリカ」は深化していく、とする。小泉政権誕生後の失業率上昇、株価下落、家計萎縮の現実。そのありさまがこの記事に対応しているのです。

いま、私たちの社会で「非労働力人口」は史上最多の四三〇〇万人に達しました。非労働力人口はなぜ増えるのでしょうか。

一方で人口減少時代がやってくると大騒ぎ。いま、日本の人口は一億二七三八万人ですが、それが二〇〇六年をピークに後は人口減少時代に入る。日本経団連は外国人労働者を受け入れるべし、と提案するし、内閣府はこのまま少子高齢化が進むと、税収が落ち込み、二〇五〇年には、国と地方を合わせた所得税の税収は、二〇〇〇年当時の六四・四％の水準にまで落ち込んでしまう、と恐怖をあおっています。

これに呼応して、日本経団連はじめもろもろの団体、政府系機関が消費税を段階的に一五％へ引き上げよ、と声明しました。いわゆる奥田ビジョン（奥田会長の名前をとっている）と呼ばれるものもその一つです。

どこへいっても人口減少、少子高齢化、国力衰退論の花盛りではないでしょうか。けれども、その人口減少が心配な日本社会で、なぜかくも「非労働力人口」が増加の一途をたどるのでしょうか。なぜ、それを放置するのでしょうか。あらためて詰問しなければならない。

もともと非労働力人口とは満一五歳以上の「非生産年齢人口」のうち、学生や病弱者、さらに働く意志と能力をもたない人などを指していう言葉でした。労働市場の外にいる人という解釈です。ところが、それが、ここにきて、働く意志も、能力も、また働く必要もあるのに、どうしても「求める職」が見つからないため、やむなく一時的に求職活動を諦める人が激増してきているのです。

そういう人びとは失業率にもカウントされません。なぜなら求職活動をしていないからです。職探しに疲れ果て、もはや求職に歩く気力を失った、そういう人は失業率の数字にもカウントされず、挙げ句、非労働力人口に数えられてしまう。かくて非労働力人口の絶対数が押し上げられるというわけです。

働く意志、能力、必要の三拍子そろった人を、みすみす非労働力人口に押しやっておいて、少子高齢化を不安材料として喧伝し、消費税一五％への引き上げ論のアドバルーンがあげられる、なんとも不思議な国のありようではないでしょうか。

一方で、中小企業を中心に企業の数は減りつづけています。閉業率が開業率を上回りました。

五年ごとに行われる総務省の調査では全国の事業所数は前回にくらべて五・五％減り、従業者数では四・一％減少しています。この調査の数字が減少を示したのは戦後初めてのことです。中小企業を中心に事業所の数が減っていく。雇用力の大きい製造業の減り方も大きい。

いまでも中小企業は、企業数で全国の九割以上、雇用の場として八割近く、そして年間の付加価値で七割を占めています。その中小企業が淘汰されていく。

他方で、新しく業を起こす、つまり「起業」のほうはどうなっているでしょうか。

これがまた淋しい限りなのです。

以前、対談の機会をもったケンジ・ステファン・スズキ氏（ＳＲＡデンマーク社「風の学校」代表）は、デンマークに三五年、暮らしつづけた人です。

彼によれば、デンマークの人口は五三〇万人（北海道の五七〇万人にくらべても少ない）。その国で一年間に「起業家」が平均一万六〇〇〇人は下らないということでした。人口比で日本に当てはめれば、年々三〇万人の起業家が現れてちょうどデンマーク並みということになります。現実はどうか。わずかに七〇〇〇人（平均）に過ぎない。因みにデンマークでの起業は「社会的有用労働」（社会に役立つ仕事を求めて業を起こす）の分野に多い、ということも忘れることができません。

何か、といえば、ベンチャー、ベンチャー（ビジネス）と大騒ぎですが、せっかく各自治体などが創設したベンチャー支援制度が、融資先を見つけるのに困っている、と実情を打ち明けられたこともありました。

これは何度もいってきたことですが、「会社が潰れると人間も潰れる」というような社会で起業が活発に行われるはずがありません。

経済の問題は決して経済だけの問題ではなく、社会の問題であることをよく示しているといえるでしょう。

こうした数字に示される危うい現実をなぜあえて羅列していくのか、と問われれば、私はいまこの国で何が衰退し始めているのか、それをよく知るため、と答えるほかにありません。

何が進んでいるのでしょうか。

このままでは底辺から湧いてくる社会の力、人間の力がともに衰弱に向かう恐れが強い、ということ。経済大国でなくなることをいっているのではありません。私たちの生存条件が足蹴にされるような社会の到来を恐れてのことです。

人びとを行動に駆り立てる動機そのものが見失われる、そのような社会でいいのか、と問うているのです。

人口減少時代の到来を恐れるのなら、どうしていまを生きる人びとが精一杯、働ける機会、目的、場を用意する努力をしないのか。それを可能にする社会のシステムをなぜ生み出すことができないのか、です。

この点について何度もくり返し声をあげつづけたいものと思います。

二章　幻だった「約束の大地」

廃墟と虚構——二つの風景

「見渡すかぎり瓦礫《がれき》の山が拡がっている焼跡《やけあと》の廃墟《はいきょ》の荒涼たる風景を見知っているものは、現在、三十歳を越えたものになってしまった」

「椎名麟三全集・第一巻」（冬樹社　昭和45年刊）の解説に埴谷雄高がそう書いている。それから32年、いま「風景を見知っているものは、六十歳を過ぎてしまった」と書かねばならない。椎名麟三の書き下ろし小説『永遠なる序章』が河出書房から単行本として発表されたのは、昭和23年6月のことだ。「日はもうたそがれている。風が強い」、その風景の中に立ち、いま不治を宣告されたばかりの病院をふり返って男は「まるで大きな墓みたいだ」と呟《つぶや》く。短い生の物語は始まり、行進の列のなかに命も物語も終わる。

神戸の街を東西に貫いて郊外へと走る一本の私鉄に乗って、私は中学、高校に通った。中学入試の前夜から当日早朝まで神戸大空襲であり、つづく3カ月後の空襲で校舎は焼失した。幾度もの校舎疎開で全校生徒は西へ、西へ、と流れ、通学距離は長くなった。

私鉄は山陽電車と呼ばれ、旧名は宇治川電鉄だった。椎名麟三は14歳で家を出、転々ののち、18歳でその宇治電の車掌になっていた。なぜか、私は大学までその電車だった。

　行き帰り、私は私の身代わりで空襲に死んだ近隣の女性、友、すでに亡い母を思い、作家と共有している廃墟の日常を信じた。いま、「戦争を知らない軍国少年」たちが高らかに戦争節《ぶし》を奏でている。

（内橋克人「時のかたち——廃墟の日常」朝日新聞　二〇〇三年二月二五日　夕刊）

「現実」無縁の政治

国民を裏切る政治的スローガン

小泉政権の誕生二年余、彼が絶叫して回った「改革」なるものの無惨な帰結がはっきりと目に見えるようになってきました。「構造改革なくして景気回復なし」と叫びはしたものの、政治スローガンの産物はもの凄いスピードで襲来した「痛み」だけでした。その重荷がいま人々の肩にきりきりと喰い込もうとしています。

年金カット、医療費負担増、社会保障関連の一大負担増など、あらゆる意味での国民負担が増え、しかし、経済はいっこうに回復しない。こうすれば景気は回復し、日本経済は再生する、などと公約した甘い夢は、ほとんどすべて破綻に終わっています。現実は予期以上のデフレの進行であり、不良債権の増大であり、株価の半値下落などマイナス・オンパレードに過ぎなかった。あげていけばきりがありません。小泉首相はじめ歴代の首相、そのまわりに群がった政治家、学者、財界人たちが、そろって掲げてきたのが規制緩和であり、構造改革であり、市場競争による活性化でした。グローバリゼーションへの追随の結果、明らかになったのは、まさに彼らの言う「約束の大地」は幻だったということです。

さらに、小泉首相は米英によるイラク攻撃について、「米英の戦争行動を理解し、これに協力するのが日本の国益だ」と語りました。この言葉の中にはたくさんの意味が込められています。イラク攻撃に対し、それまでは日米同盟と国連主導を巧みに使い分け、曖昧な態度で誤魔化してきましたが、米英同盟軍による対イラク攻撃が開始された途端、今度は「我々はアメリカの行動を理解する。そして、米英に協力する。これは苦渋の選択だ」と言ったのです。

この小泉声明にいち早く支持を表明したジャーナリズム、例えば、ある新聞はいちはやくこの首相の選択を支持する、と宣言する論説を書いた。しかし、「選択」などという言葉にどれほどの意味があったでしょうか。選択とは多くの可能な選択肢のなかからひとつを主体的に「選ぶ」ということです。アメリカ追随で来たこの日本に、そもそも

「選択」など可能だったでしょうか。米英支持は選択などではなく、「宿命」だったというほかにないでしょう。

実際には、選択肢なき「イラク攻撃」支持も、改革のもたらす「痛み」も同根の宿命に発しています。

それは世界市場化の結末であり、福祉社会化の放棄、あるいは貧富の格差拡大の奨励、ウイナー・テイクス・オール、すなわち一人勝ち社会の奨励の結末なのです。イラクにおいてこれから始まろうとしていること、それがひと足もふた足も早く日本の市場原理万能経済となって現出している。

グローバリズムに見事に取り込まれ、アメリカ追随一本ヤリでやり過ごした国、日本にとっての必然だったことを知っておかなければなりません。

「約束の大地」が幻に終わるという結末です。

政治的スローガンと、やがて到来する現実がいつも違う。夢を与えるスローガンとともに採用される政策、その果てに出現する現実によって国民はいつもいつも裏切られてきました。現代も過去も変わりません。

私の父は戦時中、隣組の役員に祭り上げられ、町内会の集まりでは戦時国債の割り当て役というご用を担わされていました。寄り合いを開き、皆と相談しながら、各戸に国債の割り当て額を決めていく。

所得や家計の支出を勘案しながら割り当てが決まり、皆はしぶしぶながら引き受ける。なるべくなら購入額を少なくしたい。しかし、割り当てをいやだといえば非国民と呼ばれかねない。国債を皆で買うことで、国威を発揚して国力を増強する、戦争に勝てる、そう納得させられて、本心とは別に、積極的協力を装って毎月毎月、国債を購入していったものでした。

しかし戦争が終わってみると、多額の国債はアッという間にただの紙くずになりました。我が家の押入れにもそうやって購入された国債の束が後生大事に仕舞い込まれていました。父は国債が再びお金として返ってくるとは思っていなかったでしょう。それはもはや一種の税金として徴収されたものだと諦めていたはずです。そういう虚しい努力をして、大東亜共栄圏を築くのだと言って、国家への奉仕義務だとして戦争協力したことが、結局は実らず、報われなかった。

満蒙開拓団もそうです。五族協和が唱えられた満州はまさに「約束の大地」だったのです。しかし、実際はどうだったのか。開拓団の人びとが彼の地に渡って見たもの、そこはフロンティアなどではなく、もともと中国の人びとが開墾し、耕作していた農地を奪うことだった。夢を抱いて渡った開拓団の人びとには現地に着いてみるまで、そのことは知らされていなかった……。

戦後も同じようなことがくり返されています。

つい最近も、バブル崩壊後、宮沢喜一内閣が打ち出した「生活大国論」もそうでした。日本は経済大国になった、さあ次は生活大国だというのがスローガンでした。で、これからはごく普通のサラリーマンが年収五年分でマイホームが買える時代にしよう。地価下落の恩恵で、誰もがマイホームを持てる時代が来るということで、住宅企業にも、マイホーム購入者にもさまざまな優遇措置を講じたわけです。住宅金融公庫のローン返済についてもステップ償還という特恵制度をつくり出した。

多くの庶民が住宅を買えば、それで経済も立ち直る、日本は再生できる。夢よ再びというわけでした。それで取られた政策が住宅ローンのステップ償還です。住宅金融公庫で組んだローンの返済は当初五年間は軽く、しかし、次の六年目からはいきなり返済額が跳ね上がる、そういうシステムでした。

当時、私は「経済大国と生活大国は原理が違う。日本は経済大国になった、社会はそのままで、さあ、次は生活大国だとは行かない」、そうくり返したわけです。当時、宮沢内閣のマイホーム大衆化論は、その根拠を次のようなところに求めたものでした。すなわち返済額のハネ上がるステップ償還の六年目にはあなたの賃金は上がっている、安定した雇用環境のなかでまじめに働いてさえいけば給料も増える、返済能力も上がるはずだ、当面の返済能力が低い間は少額でよい、高くなればそのときからより多くを返済に回せばよいのだ、と国民に言ったわけです。

しかしそれは、実は一種の景気対策だった。住宅企業の投資、民間の住宅購入、住宅販売高、これが景気を左右するということで、国民に住宅を持たせることが国策ということになったのです。景気浮揚策としての持ち家政策。この意味で、宮沢内閣の住宅政策は北欧の住宅政策などとはまったく異なる、似て非なるものだった。

政府の国策に協力し、ステップ償還で住宅を購入した人はどうなったか。ステップ償還でローン返済額が跳ね上がるころ、本格的賃下げ、リストラ時代に突入した。そのうえ、購入した住宅の資産価値はいまや「半値八掛け二割引き」にまで下落し、国策に協力した人は巨額の含み損に喘いでいる。ローン負担に耐え切れず、当面の返済のためにサラ金に手を出し、過剰な負債で家計が破綻する。せっかくのマイホームも競売の対象になる。個人破産の件数の中で、もっとも多くを占めているのが住宅ローン破産です。そしてホームレスへと転落していく人も……。

宮沢内閣の「生活大国論」もまた「約束の大地」は幻だった、と人びとに教えた教科書のひとつでした。

国策に協力すると破滅する、という点では、北海道農業も例外ではありません。農地の規模拡大というのが当時の農林水産省お得意の政策でした。強いアメリカ農業に対抗するには規模を拡大するほかにない、という。これに乗せられて規模拡大に精を出した農家は、金利が一％上がれば農業を続けることができない。規模拡大のための負担増によって過剰債務の農家がたくさんできてしまったのです。

北海道の農家は言います。国策と反対のことをやればいい、規模拡大、輸入飼料で規模のメリットを追求せよという、政府ご推奨の政策の反対をやればいいのだ、と。現実に反対のことをやった人が生き残っているわけです。

幻の「約束の大地」。政府が言うところの「約束の大地」に、ほぼ例外なく私たちは裏切られてきた。今回の構造改革もまたその延長上にある、同じ図式です。構造改革による痛みを我慢すれば本当に「約束の大地」など望めるのでしょうか。そうはなっていません。

認識の二重の誤り

小泉政権発足直後、まさに、小泉万歳論で日本が覆われていたころ、ある新聞は、東大阪にある典型的な町工場の経営者の、小泉構造改革礼賛コメントを載せています。

「痛みの先に経済の再生があるのでしたら、仮りに私の工場が倒産しても構わないですよ、日本がよくなるんですから喜んで痛みに耐えます」

「構造改革なくして景気回復なし」、キャッチフレーズへの無批判な賛同、大いなる期待を語らせていました。

私は記事を見たときショックを受けました。町工場の経営者は本当にそういったのでしょうか。心底、そう信じての発言だったのでしょうか。「自民党をぶっ壊す」と威勢良く叫び、閉塞した政治経済状況を打ち破る——国民の期待を一身に背負って登場した小泉首相を迎える世論の昂揚に乗せられ、思わず口にした発言だったのかもしれません。仮りにそうであれば、「約束の大地」にいつもてあそばれる日本人の「熱狂的等質化現象」の愚かさに私は啞然とせざるを得なかった。

中小企業にとって倒産とは何を意味するのか。もともと日本経済のなかで競争力のある、強いと言われているのは上位一〇社、あるいは三〇社です。この三〇社で輸出高のほぼ半分を稼いでいるのですが、いったいそれら大企業がなぜ強くあり得るのか。「私たちは潰れてもいい」と言うこの中小零細工場が支えているからです。上位一〇社、三〇社といえども、この下支えをしている中小企業がなくなれば、野中の一本杉になるほかないでしょう。「私たちが潰れてもいい」という発言こそは、日本経済の「雁行型回復」をもくろむ、構造改革論者たちの経済政策に格好の口実を与えてしまうことになるでしょう。

また、現在の経済システムのなかで、中小企業が倒産するということは、明らかに大企業の倒産とは違う。大企業の場合は、経営者は有限責任であるが、「日本型自営業」と私が呼んできた中小零細企業がひとたび倒産すれば、経営者責任は無限責任です。経営者は所有財産すべて、マイホームまで含めて、それこそみぐるみはがされることでしょう。なぜかといえば、ほとんどの場合、金融機関から融資を受ける中小企業は、経営者の資産が担保なのであり、時に親族を連帯保証人としている。倒産すれば、負債返済のためにすべてを差し出さねばならないわけです。

この無限責任から限りない悲劇が頻発しています。経営者の自殺です。経営者三人が同じホテルで、保険金の返済に当ててくれという痛ましい遺書を残して同時に自殺したケースはまだ私たちの記憶に生々しい。また、バブル崩壊後、丹後縮緬の機業地でわずか一年に二五人もの自殺者が出たこともありました。この現実を認識した記者ならば、仮りに、町工場経営者の昂揚した発言があっても、さらに深く問い詰めたでしょう。「本当ですか?」と……。さらにつねに幻に終わりがちな、この国の「約束の大地」の裏切りを知っておれば……。

二〇〇二年末、NHK・ETV2002で金融機関の「貸し渋り」、中小企業の資金調達難の現実がテーマに取り上げられました。師走、年末を控え、中小企業がどう苦しんでいるか、私はスタジオで「第三の倒産」があい次いでいる、など、厳しい現実について コメントしました。放漫経営でもなく、単なる不況型倒産でもなく、現在の「政策」によって多くの中小企業が潰されていく実態を「第三の倒産」と呼んだのです。

たとえば永代信用組合のように、政府の手で地域金融機関の突然の強制破綻が行なわれ、それによって連鎖的に引き起こされる中小企業倒産のことを、私はそう呼んでいたのです。

それまで永代信用組合でごく普通に割り引いてもらっていた優良手形が、ほかの金融機関では軒並み拒絶の目に遭ってしまう。

突然のルール・ブックの書き換えが、何のアフター・ケア策も講じられぬまま、政府自身によって強行され、結果、幾多の中小企業が追いつめられる。過去に例を見ない新型倒産が頻発する――その現実がきちんとした取材によって伝えられました。それが番組の内容でした。その後、新年初めの経済財政諮問会議で奥田経団連会長がこの番組とおぼしきテレビの話を持ち出して、小泉首相の認識を糾しています。奥田会長の問題提起から話は始まりました。

(番組の具体名はあげていませんが、年末の中小金融特集番組は私の出演したその番組のほか見当たりません)


「年末のテレビ番組で、優秀な技術を持った中小企業の例が数例紹介されていた。そのときに幾度となく言っていたのは、それだけの技術を持っておりながら、全然金を貸してくれないという話だ。我々がここで議論してきたのとまるっきり違う話だった。世界で七〇%も八〇%もシェアを持っている中小企業が、二〇〇〇万円の機械を買おうとしてもお金を貸してくれなかったと。こうしたことは、我々がやってきた話には全然入っていない事実だと思うが、それがテレビに出てくるのは、どこがどのようにずれてしまっているのか」

牛尾治朗氏も同じような番組を見たと言い、その後、小泉首相が次のように答えています。

「一部しか報道していないのではないか。ある信用金庫から聞いた話では、むしろ今は、都市銀行がリストラで店舗を閉鎖して、良い客まで逃していると。それで、都市銀行ではなく、逆に中小金融機関に来ている。資金は十分にあると言っていた。国会で野党が『貸してくれない』と主張しているが、そんなことはなく、良いところにはたっぷり貸しているということだった。野党やマスコミがいう『貸し剝がし』などに乗せられてはいけないと忠告された。現実はむしろ都市銀行がこんな上客を逃して良いのか心配するぐらい、店舗閉鎖で良い客を逃していると言っている。中小金融機関では、人対人で、つながりのあるところには十分貸すよう努力しているので、悪いところばかり見てはいけないと言われた」

いずれも経済財政諮問会議の議事録に記録されています。小泉発言を問題にした新聞記事も出ました。

小泉首相の言葉、その根底には、重大な二重の間違いがある。一国の宰相として、余りにいい加減な現実認識といわざるを得ません。

第一に、貸し渋り、貸しはがしがないというのは、現実を知らない人のいうことです。まさに天空回廊の住人というほかありません。

小泉氏はひとつや二つの地域金融機関からでなく、資金を借りる立場の中小企業の多くから話を聞くべきこと、いうまでもないでしょう。ばかりでなく、この小泉発言にはもっと重大な「現実知らず」が隠されているのです。それは何か。

いま、中小企業向け金融が滞っているはずはない、資金需要は十分にまかなわれている、といいますが、実はそれこそが危機なのです。なぜなら、資金需要そのものがもはや中小企業では起こってこない、中小企業はもはや資金を必要としていない、そこにこそ重大なこの国の危機がある、ということです。このことを小泉首相は知らない。この番組で、意欲的に新しい技術を開発し、サンプルをたくさん作り、普及品を製作したいのだけれども融資をしてもらえない会社も紹介しました。

しかし、他の中小企業はなぜ資金を必要としていないのか。それは、もはや自分たちは設備投資をしても仕方がない、足元の明るいうちに店を閉めたほうがいい、だからもう資金は要らない。そう考える経営者が激増してきているというのが現実なのです。設備拡張をしてモノを作っても売れない。親企業からも採算に合うような仕事は来なくなった。お金なんか借りても仕方がない、もしお金が手元にあるならば、一日でも早く、一銭でも多く返したい。

そう考える経営者が多いから資金需要そのものが生まれてこない。だから、貸し渋りもない。銀行は有料貸し出し先に困って、国債に殺到する——その厳しい現実への無知を暴露しているのです。まさに債務デフレーションの特徴でしょう。最近になって債務デフレーション論争が取り上げられるようになりましたが、私は早く自著『破綻か再生か』で債務が引き起こすデフレーションについて詳細に指摘してきました。

つまり、借金が生む不況です。ひとたびデフレ時代が始まると、人は、一銭でも多く、一日でも早く借金を返そうとするでしょう。実際の貨幣価値が上がっていくわけですから、債務者の返済額は実質、増えていくことになるからです。

例えば一億円を借りた人はデフレの中でも一億円を返済しなければならない。本当なら、一〇％物価が下落しますと、九〇〇〇万円返せばいいはずです。しかし、デフレだからと言って金融機関はそういうことは絶対にしてくれません。結局、実質、一億円以上を返さなければならない。一億一〇〇〇万円近くの返済になるかもしれない。債務負担が非常に大きくなる。

もう銀行から借りても仕方がない。設備投資してものを作っても売れない。しかも借りたお金の実質的な返済額は上がってしまう、となれば、資金需要がないのは当たり前です。こちらのほうが問題は深刻なのです。

こうして、大企業と中小企業との間で「成長機会格差」が大きく開いていく。大企業は資金コストの安いうちに設備投資を進めておこうとし、一方中小企業は資金調達コストがたとえゼロでも、設備投資をしたくないと考える。設備投資とは五年後、一〇年後の成長力と機会を示す指標であり、結果大企業は成長し、中小企業は成長潜在力そのものを失っていく。そして、両者の間に大きな格差が生まれていく。

いまや日本の中小企業は成長していく力そのものを失い始めているのです。企業の数でいえば九割、年間の付加価値でいえば七割を担い、雇用の受け皿で言えば八割近くを担う、その中小企業が成長への意欲を失っている。そのことのほうがはるかに深刻であることを、小泉首相はご存じない。

中小企業が力を喪失すれば、そのことがいっそう大企業の工場を中国などへ、と移転を促す恐れもある。空洞化が進む。

このテレビ番組で紹介した第二のケースは、立派な職人である父親の姿に感動し、息子が決意して引き継いだ工場であり、その工場が今、困窮の極みにあるというものでした。後を継いだ息子が本当に夢と希望を失う窮境に次々に置かれ、期待が裏切られていく……。この国の宰相たるもの、経済の本当の根っこのところ、裾野を支えて頑張っている人や企業の実態がまったくわかっていないと私は思います。

話は少し遡りますが、経済企画庁(現・内閣府)の発表する経済成長率の数値が何度も改定されたことがありました。改定されたというより、改定せざるを得なかったのです。どういうことか。速報値を出す元となる、第2・四半期のデータは例年、他の四半期とは別のデータが使われてきました。他の四半期は大蔵省（現・財務省）の統計「法人企業統計季報」を使うのですが、第2・四半期だけは経済企画庁の統計「法人企業動向調査」が使われる。その経済企画庁のデータというのは、大企業の、ごくわずかなサンプルしか取っていないものです。このデータが示す設備投資から引き出された、成長率が三％になるという予測に当時の堺屋太一長官は飛びあがったわけです。景気立ち直りの兆しが見えた、と……。

第2・四半期は翌年度の経済成長率予測を出さなければならず、早く数字が必要です。そこで、便宜上その期だけは、経済企画庁の「法人企業動向調査」で代用することになっている。従来はそれでも「法人企業統計季報」との格差は余りなく、ほとんど問題はなかった。この「法人企業動向調査」の設備投資が伸びていた。そこで景気も下げ止まり、これからは成長に向かう、と宣言してしまったのです。

ところが、それが、「法人企業統計季報」が出てくると大きく下方修正されました。二〇〇一年二月のことです。「法人企業統計季報」の調査対象には中小企業も多く入っていてサンプル数が多い。これは何を意味しているか、といえば、資本金一億円以上とそれ以下とではまったく設備投資の伸び率が違っていたということです。従来の景気回復のケースというのは、まず中小企業のほうから設備投資が回復し、少し景気が良くなり、それが大企業へと繋がり、そして景気が本格回復を果たす。このパターンが日本経済のものでした。そのパターンがもう消えつつある。

こうして最後は、結局、マイナス成長へと修正せざるを得ませんでした。大企業と中小企業の設備投資の伸び率は、大企業のプラス値、中小企業のマイナス値、両者を計算すると上下で、最大で二四％もの格差がありました。それで、成長力機会格差が大企業と中小企業との間に生まれて、拡大していると私は指摘したわけです。現在の設備投資の力は五年後の企業成長力を左右します。ゆえに五年後、あるいはそれ以降の中小企業の成長力はますます小さく、弱くなっていかざるを得ないでしょう。

このように大事な指標でもあり、現象でもあるにもかかわらず、先の小泉首相発言です。例外などといえるでしょうか。認識の二重の誤りであり、結論を言えば、この国の宰相に経済政策を担う資格などない、といわねばなりません。そういう人が構造改革なるものを叫んでいるのです。

三つの虚説

さらに、識者やマスコミによって囃される、そして人びとが陥りやすい「三つのウソ」について、触れておきましょう。

よく使われるそのひとつは、個人金融資産が一四〇〇兆円もあるのだから、という決まり文句です。重要なことは、住宅ローンはじめ家計の抱える巨額の負債が無視されているということです。貯蓄と負債、相殺すると貯蓄率はマイナスになる階層、年代層も少なくありません。地価の下落により、金融資産と同じく個人の資産もまた少なからず不良資産となっている。

私は『不安社会を生きる』（文藝春秋　二〇〇〇年四月刊）のなかでも、この個人金融資産の幻について次のように指摘しました。当時、個人金融資産は一二〇〇兆円といわれていました。


「いや、日本には個人貯蓄が一千二百兆円もあるではないか、こんなに個人が豊かな貯蓄を持っている国は日本以外にはない、という人もいる。しかし、このような数字を持ち出して、個人の貯蓄の大きさを指摘する議論ほど、無意味なものはない。

なぜかというと、まず、この一千二百兆円には、個人事業者の事業用資金が含まれていることであり、それらを除いた個人の純粋な貯蓄は約六百兆円とされる。さらに、サラリーマン世帯の平均貯蓄額を押し上げているのは、全体のわずか一三・三パーセントに過ぎない富裕層の存在であり、平均像としての貯蓄額は二百万円から四百万円の範囲に集中している。その中での最多頻度を見ると、最も多くの世帯が保有する貯蓄額は三百七十七万円に過ぎない。貯蓄が二千四百万円を超える富裕層の多くは六十歳以上であり、多くはリタイアした人びとだ。これらの階層が貯蓄総額の五〇パーセント以上を保有している。当然ながら、その貯蓄は老後のための蓄えであり、容易に消費に回せるものではない。

また、いつでも自由に取り崩して消費に回せる有利子資産（預貯金）が約六百三十兆円であるのに対して、利子を伴う借入金が約三百兆円ある。つまり、個人の自由になるお金は三百三十兆円程度に過ぎないというのが実態だ。そのうえ消費の中核を担う二十五歳から四十五歳までの世帯では、貯蓄より借金のほうが大きくなっている。

要するに、個人も借金漬けなのであり、高い貯蓄額の数字だけをもって日本人は豊かであるというのは幻想に近い。個人は豊かであるという前提の下につくられた景気対策に、期待通りの効果が出るはずはないのである」

この幻の個人金融資産を前提に、それを市場におびき出して需要不足を解消し、株式市場を蘇らせ、経済を活性化しようとする。株式市場、不動産に投資させ、貯蓄過剰だと言って消費に向かわせる。それはアメリカに倣ってマネー資本主義のお狩り場へ、獲物である個人金融資産を追い込もうとする企みにほかならない。いかに買わせるか、そのための個人金融資産一四〇〇兆円の活用という煽動なのです。

私はすでに『破綻か再生か』（文藝春秋　一九九四年二月刊）でも、個人の家計がいかに債務に喘いでいるか、国も借金漬けだが家計も借金漬けである、公定歩合引き下げはその家計・預金者からの所得移転であり、ゼロ金利下での景気対策とはまさにこの所得移転をタネに展開される銀行と企業救済策だ、と指摘しました。

「では、何のための利下げか、公定歩合引き下げか、といえば、狙いは別のところにあり、それが金融機関救済であることはいうまでもない。金融機関の抱える不良債権の償却を円滑に進め、同時に債務デフレに喘ぐ企業の金利負担を軽減することが主たる目的なのである。（略）

けれども、こうしたことの結果、家計部門はどうなるだろうか。

一九七〇年から九〇年までの二十年で、日本の個人の預貯金の総額は十三倍の規模に増えた。現在、その額は八〇〇兆円といわれる。

バブル崩壊後の不況下で、一九九三年九月までに公定歩合は合計七回にわたって引き下げられたが、この七回の引き下げに応じて一般預金者の預金金利もまた引き下げられた。

大口定期預金に限ってみてもこの間、金利は四・二五％引き下げられている。この金利引き下げによって、本来、家計が受け取るべきであった利子所得はどれだけ目減りしただろうか。

その額はゆうに三〇兆円を超える巨大な規模に達した。すなわち家計という個人の懐からその先の銀行、そして産業へ、である」

公定歩合引き下げは預金者からの所得移転であると主張した私は当時、ある人物によって揶揄の対象にされたものですが、いま、ようやく事の真相が明らかになってきています。金融機関、産業社会への所得移転がすなわち、日銀自らの手による「金融機関救済」が目的だったという事実が明らかになっています。私が指摘した時点では、ほとんど誰もが無視したその事実が、しかし、その後、指摘通りだったことが、政策当事者によって証明された。一〇年目の真実とはまさにこのことです。

 つい最近の朝日新聞の記事（二〇〇二年一一月一七日）から引用しましょう。

「『外には一切言えないが、隠れた狙いは金融機関のバックアップです』九二年初めの日銀幹部会議で、三重野康総裁はこう切り出した。前年（一九九一年）の一二月三〇日、予算編成直後という異例の時期に実施された公定歩合引き下げ。バブル崩壊から三回目となる金融緩和の主眼は、景気の下支えというより、銀行支援と貸し渋り対策にあった。『対外秘』の資料には、日銀が金融機関に申告させ、初めてまとめた不良債権の実態が記されていた」

いまでは、公定歩合引き下げ、預金金利引き下げは「所得移転」である、という指摘は、もはや通説です。誰もが同じ言葉を口にします。けれども、初めからそうであったわけではない、ということは繰り返し話しておきたい事実です。

さて、虚説の二つ目は「不良債権処理が進まないから、景気が回復しない」というものです。

深刻なデフレが続くのは、不良債権処理に銀行が手間取り、貸し渋り、貸し剝がしが起きているからだ、そのため、必要とするところへお金が回らない。不良債権を処理すれば、銀行経営が健全化し、景気も回復するという議論です。しかし、これもまた半分は嘘なのです。

銀行が保有する不良債権は今期（二〇〇二年三月期）の不良債権処理六兆一〇〇〇億円、新規発生の不良債権が約一〇兆円、不良債権残高二六兆七〇〇〇億円。つまり、この一年の不良債権処理額より、この一年の新規発生不良債権のほうが大きかった。何度も私は指摘してきましたが、不良債権処理が新たな不良債権を生んでいる実態が、よく分かるでしょう。このサイクルがすぐに終わるはずがない。

小泉内閣は構造改革を進めるためにも不良債権の処理が不可欠であり、景気回復のためになにが何でも不良債権処理を急げ、と迫っている。銀行を健全化し、競争力を高めれば、景気回復がそれに続く、という。

ところが、現実には、その不良債権処理を進めている銀行が、全国一二六行でおよそ八一兆四〇〇〇億円もの巨額の「国債」を保有している。さらに日銀の国債保有高は七〇兆円。まさに壮大な資金が国債という国策の畑に囲い込まれ、滞留している。これでは市中にお金が回るはずがありません。リスクなき、とされる国債を大量に購入し、それで辛うじてバランスの健全化に当てている。つまり、中小企業にお金を貸すより、その資金で国債を買ったほうが安全だ、というわけです。しかし、国債の発行を続ける限り、国債の価格が下落するリスクは高まるでしょう。国債価格下落――金利暴騰となれば、国債費負担、つまり「国債費」も膨張します。銀行の含み損も増加するでしょう。そして銀行の国有化が現実となればどうなるか。日銀発行の国債を国有銀行が購入する、ほとんど自作自演、戦時中の戦費調達と変わりない構造になるでしょう。これこそまさに社会の危機というべきです。

三つ目の嘘は「高齢者ほど大きな資産を持っている」というものです。

確かに世帯主が六〇歳未満の世帯の平均貯蓄現在高が一三〇三万円であるのに対し、六〇歳以上の世帯は二六三六万円と、約二倍にはなっています。しかし、その多くは退職金が一時的に入ってきたためであり、住宅ローン負債額との相殺を考えなければいけない。勤労者世帯、無職世帯ともに三〇〇〇万円以上の貯蓄を保有する世帯はそれぞれ二八・一パーセント、二九・九%と全体の四分の一強を占めている一方で、貯蓄現在高が六〇〇万円未満の世帯もそれぞれ二〇・六%、一七・一%と全体の約六分の一強を占めています。つまり、世帯間の散らばりが大きい。また、六五歳以上のうち有職世帯はわずかに二割にすぎず、残り八割のうち七割が無職世帯であり、その無職世帯の貯蓄率はマイナス八・八%なのです。つまり貯蓄をすでに取り崩しつつ生活をしているということです。

このことからもわかるように、職のある、有職高齢者世帯の金融資産、貯蓄高が圧倒的に高く、それが高齢者全体の貯蓄高、資産の平均を引き上げているということです。年金支給額の切り下げ、医療・介護費用の個人負担が今後ますます増えていくことが予想されるなかで、多くの高齢者は不安を増大させています。格差拡大、富めるものはますます富み、貧しきものはさらに痛みに耐えなければならない。

高齢者は金持ちだ、だから株式に投資を、あるいは、もっと医療費負担を、さらにもっと消費へと向かわせよう。小泉政権の経済政策は、高齢者世帯の内実ひとつみても、いかに薄っぺらな虚説を根拠に強行されているものか、よくわかるはずです。

日本の課税スタンダード「定説」の虚妄

こうした国民生活の裸の実態を指摘する声を嘲笑うかのように、長い間、わが国政府は、いかに国民が国家の提供してきた公共サービスへの「応分の負担」をしてこなかったか、などとしきりにアナウンスしています。国民たるもの、いつもいつも政府におねだりするのでなく、「応分の負担」をせよ、つまり社会保障コスト、税の負担に潔くなれ、と言っているわけです。けれどもたとえば増税するさいの課税根拠となる数字がこれまた実に曖昧ときているので、私たち国民はホトホト困り果てている。

たとえば、「課税最低限が高すぎる」、「就労者四人に一人は税金を納めていない」などという政府広報。本当でしょうか。いったいどのような根拠があってのプロパガンダでしょうか。

彼らの示すモデルは——子ども二人の標準的サラリーマン世帯の課税最低限三八四万二〇〇〇円——となっていますが、このモデルそのものが虚構です。まず、年収三八四万二〇〇〇円で四人家族の生計が立ちゆくものかどうか、考えていただきたい。

このモデルでは妻は専業主婦、子どもの一人は学生、一人は一六歳未満だから、各種控除がフルに使えるので、楽に暮らしていける、税金を払っていないのはおかしいではないか、という乱暴極まりない議論です。

ボーナスを含めた年収三八四万円を一二カ月で割りますと月三二万円、うち年間ボーナス八〇万円で住宅ローンや車ローン、その他パソコンなど月々の支払いに当てると仮定しますと、手もとに残る月間二五万円で、大学生と中学か高校生の子ども、そして夫婦の四人が暮らしていくことになりますが、果たしてそんなことは可能でしょうか。ギリギリ最低限の生活かもしれない。その家族に対して、あなた方は「フリーライダー(ただ乗り者)」だと決めつける、一方で高額所得者の税率は「努力したものが報われる社会」をうたい文句に、どんどん引き下げてゆく。米レーガン時代のモノマネでしょう。あの「トリクル・ダウン」理論です。高額所得者への課税を引き下げれば、雨だれが大地に滴り落ちるように、低所得層にも恩恵がゆき渡るというものです。

また、「諸外国と比較しても課税最低限が高すぎる」というのも疑問です。外国との為替水準による単純比較は為替レートによって大きく変動するので困難ですから、購買力平価でみることが多い。すると、日本はフランスやドイツより低く、イギリスよりは少し高いが、アメリカとあまり変わらないとする指摘があります。

アメリカにしても、一億二七〇〇万件の個人所得申告のうち、四分の一程度は納税額ゼロ。日本だけが例外的に課税最低限が高くて税金を納めていない人が多い、という政府広報は問題だらけです。

そのうえ「就労者の四人に一人は所得税を払っていない」という。財務省のいう就労者とは、月末の一週間に一時間でもパートで働けば計算のなかに含まれてしまう。本来ならば、失業率統計のなかに入れるべき人までを組み込んで、税金を払っていないと大声で責めたてる。仮りに所得税がゼロでも五％の消費税は納めていますから、先の虚構四人家族も三八〇万円を使いきったとして、消費税だけでも年間で二〇万円近くを、さらに地方税も、車両税も、車で移動するとガソリン税に、さらに世界に冠たるハイウエイ利用料金などなどを納税していることになります。一カ月一〇万円そこそこの独身フリーターでも所得税の納税者に組み込まれています。

肩身を狭くするいわれはまったくない。

課税最低限の引き下げと税率の累進緩和による所得税の大胆なフラット化。広く、薄く公平にという、政府の課税見直し方針に対して、最大野党の民主党までが政権をになえば課税最低限を引き上げると賛意を示し、当時、マスコミもまたこれを責任政党として当然の選択、と支持しています。「責任」とか「義務」とか「痛み」とは何なのか、ナショナル・ミニマムをきちんと確立するという視点から、大きな議論を起こさないわけにはいかないでしょう。

もはや修復不能、日本の財政毀損

さらに、私たちの生きるこの日本の国家財政は、もはやどうあがいても修復不能に陥っているという大問題があります。当の旧大蔵省の中期財政試算が示しているところです。

大蔵省中期財政試算（二〇〇〇年一月二七日発表）によりますと、仮りに成長率が三・五％になった場合と、一・七五％の場合、両方で財政赤字について試算していますが、成長率が三・五％になったときのほうが財政赤字がふくらみ、たとえ経済成長が回復したからといって問題はなにも解決しない、という数字をはじき出しています。

なぜかと言えば、景気が回復すると金利が上がり、国債の金利も上がり、国債費が膨張する。いまや国債を発行しないかぎり国家財政は回っていかない仕組みになっていますから、景気が回復すると、なおさら上がったぶんの金利負担が増えて財政赤字はさらに厳しくなってしまいます。

国債三〇兆円枠がすでに維持できなくなっていることでも、それは説明できます。いかにも維持できたように装っていますが、それはＮＴＴの株式売却で穴埋めしたことによるものでした。

その結果として、いま何が進みつつあるのかといえば、過去に積み上げた財政ダメージによる財政毀損、もはや修復不能な財政状況が日本では起きているということです。

金子勝・慶応大学教授（財政学）、神野直彦・東京大学教授（財政学）の両財政学専門家は、学問的に検証した結果として、日本の財政はもはや修復不能の領域にはまりこんでいると断定しています。国債発行残高というオーソドックスな視点から素直にみれば、ボツワナ以下なのは当然でしょう。

いやいや、大丈夫、と勇気づけてくれる人がこの国ではなお多数派です。六七〇兆円の赤字（国債、地方債ふくめて）といっても、外国から借金しているわけではない、国民から融通してもらっているだけで、しかも国民のほうは一四〇〇兆円もの個人金融資産がある、というのがその論拠です。

すでに書いたところですが、この莫大な個人金融資産といえどもなにもタンス預金されているわけではなく、銀行預金や郵便貯金になっている。その多くは、もうとっくに銀行預金は巨大な不良債権に、郵便貯金は財政投融資に姿を変えてしまっているのです。財政投融資では四国架橋や僻地を貫く高速道路など、橋になり道路になり、いわゆる社会的インフラなるものの整備費として、公共投資により費消されているものです。

銀行の不良債権だけに焦点を当てても、これもじつは二進《にっち》も三進《さっち》もいかない状況に追い込まれて、ずるずると悪化するばかりの過去一〇年でした。たとえば、二六兆七〇〇〇億円の不良債権を抱えていた大手銀行全部に、二〇〇一年度だけで六兆二〇〇〇億円を処理させたにもかかわらず、新規の不良債権が一〇兆円も発生してしまい、その後もまた不良債権が増えつづけている。不良債権処理が新たな不良債権を生んでいる悪性の経済循環が始まっているのです。

加えて、地域間格差が拡大する一方だという深刻な状況もあります。南関東圏だけは、少しマシな景況感がありますが、ここには輸出関連企業が多く、また所得レベルの高い首都圏を抱えているからであり、日本全体では失業率格差、景気格差、この二つで地域間格差が開く一方です。

失業率が一番高いのは八％を超えている沖縄で、近畿圏も七・二％です。全体平均は五％台半ばで推移してきましたが、地方経済の疲弊には看過できないものがあります。

こうした現実に対して、私たちはもはや余りにも慣れっこになりすぎているのではないでしょうか。

「一喜一憂資本主義」を超えて

国際ランキングにも一喜一憂の日本

決して褒められたことではありませんが、ここまで私は、日本に関わる将来的な悲観材料をいろいろと述べてきました。このような現実をさらに加速させたくないのであれば、あるべき方向めざして「もうひとつの日本」像を求めなければならないのだ、と思います。もう少し厳しい現実を続けてみましょう。

二〇〇二年五月三一日のこと、例のムーディーズ・インベスター・サービスが日本国債格付けの引き下げを発表しました。

それによると、日本国債はA2ランクで、先進七カ国では最上ランクのAaa（スリーA）がアメリカ、イギリス、ドイツ、フランス、カナダの五カ国。イタリアはAa2と低いが、それでも日本より三段階も上ですから、日本は完全に土俵の外に投げられました。

ちなみに、日本とおなじランクは南アフリカやラトビアやポーランドで、日本国債はA1のチリやボツワナより一ランクさらに下でした。日本政府は猛反発し、「エイズが多いボツワナより日本が低いのはヘンだ」などというヒステリックな声で抵抗しました。多くの広報資料を作成し、内外にバラまいたものでした。

そのボツワナとは、アフリカ大陸南部にあり、人口は一六五万人ほど。日本政府の反論に対して、いや日本がボツワナ以下は当然との主張も数限りなくなされました。そのひとつは、同国の世界一のダイヤモンド産出高と国内総生産（ＧＤＰ）に占める政府債務残高の低い比率を指摘するものでした。

しかし、ボツワナのダイヤモンドや南アの鉱物資源をもってして、政府の「反論の反論」をなすのもどうでしょうか。地下資源でランク付けするなら中近東の産油国はもっとランクアップしなければならなくなります。日本政府の反発、またアメリカのメディアも指摘したように、二〇〇一年に日本がボツワナに実施した経済援助は一二〇〇万ドルで、貸し付けが一億六〇〇〇万ドルもあります。

しかし、そのゆえをもって、またボツワナ以下とはケシカランと声を荒げるのもおかしいでしょう。ボツワナの国家債務はＧＤＰの一〇％しかなく、債務の一〇倍の外貨を保有し、一九六六年の独立以来、アフリカ諸国では最高のＧＤＰ成長を遂げています。国家としては、いままさに成長を始めたボツワナと、もう衰退期に入って経済停滞という沼からなかなか這いあがれない日本と、あなたなら、どちらの債券に投資しますか？といった程度の話だからです。

ここは落ち着いてムーディーズの評価を分析してみましょう。

ムーディーズは「日本の政府債務は、どの指標を見ても先進国に例のない水準に近づき、『未踏の領域』に入りつつある」と指摘しました。確かに日本の国家債務はGDPの一四〇%（ボツワナ一〇%）にも達しようとしているのですから、これはやはり、おそるべき『未踏の領域』に入ってしまったといえる。ムーディーズのそれは、「入りつつある」とまだ控えめの表現にとどめているといえるのではないでしょうか。

経済危機から国内政情不安まで引き起こしているアルゼンチンですら、国家債務はGDPの五〇%ほどです。財政悪化でヨーロッパの通貨統合への参加は不可能ではないかと心配されたイタリアでも、最悪時一二〇%がピークでした。

日本は、毎年税収が四〇兆円なのに国家予算は八〇兆円ですから、家計に置き換えると、月給が四〇万円ほどなのに、毎月八〇万円を使ってしまって平気な顔の家庭ということになります。不足の分は新たに国債を発行（あらたな借金）し凌いでいる。これでは、消費者金融の会社が格付けするとしても最低ランクで、お金を貸せません。

個人でも企業でも、こんな放漫財政ではとっくに倒産しています。国家には徴税権というものがあるから大丈夫、と開き直るような国の国債ランクが、下がらないほうがおかしいというものです。

国際的にも著名な巨大企業があっという間に破綻する一方で、地域の家内工業的な小さな会社ながら悠々たる経営をしているところもあります。日本が経済大国という看板を背負っているからといって、小さな国より大丈夫だとはいえない時代なのです。

日本政府のムーディーズに対する猛反発の背景には、痛い急所を突かれたことへの狼狽、悲鳴まじりの怒声に近いものがあったのではないでしょうか。

しかし、これほど狼狽しつつも、その原因を「改革」が進まないからだといい、同じ轍を踏みながらさらなる邁進を続けていくだけでいいのでしょうか。

私は、故小渕首相の後を継いだ森政権下でのはじめての総選挙を控えた二〇〇〇年六月、当時の経済状況について、「一喜一憂資本主義のなかに私たちは閉じ込められている」と指摘しました。ここに再録しておきましょう。

「その日その日の株価や、四半期ごとに発表される国内総生産の成長率など、経済の数値に振り回される『一喜一憂資本主義』のなかに私たちは取り込まれている。

とりわけ故小渕恵三・経済再生内閣の発足以降、経済は政治の手段となり、経済指標は政権維持のための格好の材料にさえなった。

一喜一憂資本主義は多くの喪失をともなっている。与野党ともに政治の関心は専ら自らに好ましい景気指標づくりに収斂《しゅうれん》し、細やかな日常性のうえに築かれる国民の暮らしからは遠ざかった。『改革』という言葉の前に、日常性は時に蔑視《べっし》の対象となる。

選挙に際して、『景気』と『改革』を掲げる政府与党は、政権維持にかかわる経済数値の改善に躍起となり、株価つり上げ、プラス成長の実現に向けて、極限まで財政資金を利用し尽くした。結果、私たちは一年に十二カ月働き、手にした所得の五・五カ月分にかかる税金を後ろ向きの『借金返済』とその『利払い』に消尽せざるを得なくなった（今年度予算）。

やがてそれは六カ月分になり七カ月分になり、ひょっとすると勤労のすべてにかかる税金を、借金返済に充てなければならなくなるかも知れない。消費税の引き上げは既定路線となり、高度負担社会への危険な門口に私たちは導かれた。

一方、『改革』と『財政』を掲げる野党第一党は、財政再建めざして課税最低限引き下げを持ち出す。財政危機解決への現実路線を示すことで、野党にも政権担当能力あり、を誇示しようという。有識者の評価は高いようだ。

だが、その方法、狙いがどうであれ、問われているのは課税最低限引き下げ論に象徴される野党第一党としての思想性である。

第一に、いま課税最低限に達しない階層の所得源、すなわち労働の実質に思いを馳《は》せたことはあるだろうか。その大部分はオン・コールワーカー、すなわち雇用主の呼び出しがあってはじめて働く随意・不安定労働にあり、女性の深夜工場労働も含むその領域では、かつての同一労働同一賃金の原則はボロ布のようにうち捨てられている。賃金差別は常のものとなった。

『改革』の名において進められた規制緩和の副作用は、何よりもまず社会の弱い層から始まっている。たとえば、競争苛烈《かれつ》、長時間労働のタクシー・ドライバーの平均年収は三百万円から四百万円。児童手当拡充を受けない層では実質増税の対象となるものが多く存在する。

都市中間層を票田にするため、増収分は住宅ローン減税、児童手当の拡充などに振り向ける、というのであれば、課税最低限引き下げとは、より低い所得層から奪って、ちょっとマシな中程度の所得層へ移すことにほかならない。そうであれば財政再建に役立つとも考えにくい。

第二に、財政再建というが、いったい何が財政危機の主因なのか。誰の負担で財政を立て直すことが社会的公正の概念に沿うのか。なぜ環境税でないのか。疑念への答えはまだ示されていない。

政権欲しさに『すでにある現実』に追随することが対抗政党に求められる現実路線ではない。『新たな現実』をどうつくり出すのか、それが野党に求められる真の革新性である。

では、与野党に通底する『改革』なるものの現実はどうなのか。

バブル崩壊直後からの十年、完全失業者の数は二・五倍以上に達した。失業が増大するなか、ネットバブル長者が輩出し、株価の上昇が生み出すごくわずかな投資家の成功例が『努力したものが酬《むく》われる社会』の旗手と称《たた》えられた。超低金利のもと、生真面目《きまじめ》な預金者は酬われず、投機とも投資ともつかぬ領域へのおびき出しが経済改革のモデルとされる。

だが、どのような時代にあろうと、社会でごく普通に暮らすものの日常性を破壊することが、『改革』の本意であるはずがない。
一喜一憂資本主義を超えるために有権者の選択はそこを尺度として実行される」
（内橋克人「論壇」朝日新聞　二〇〇〇年六月一六日　朝刊）

後年のダボス会議での日本のランク付けに対する日本国内の反発にも同じことが言えると思います。しかし、国際的な、というよりはアメリカ主導型経済の優等生度を競うことでしかないランキングに一喜一憂する私たちでいいのか。それを私は問うているのです。そうではないでしょう、と。そういう思考回路から離れ、真の意味での自立した国としてあり得ること。そこに価値をおく。独自性ある価値観とか、人それぞれが矜持をもち、尊厳をかちとる、そういう社会のあり方を求めて……。
「もうひとつの日本」、これこそが私たちの目指すべき道ではないでしょうか。

進む低位平準化、どん底へ向けての競争

小泉構造改革の結末として、本格的な賃金切り下げ時代が始まりました。恒常的なリストラ、オン・コールワーカー、あるいは擬似自営業など、労働を巡る環境は規制緩和によって大きく変わりました。いま、賃金体系をめぐって、いろいろなことが言われますが、それらはいずれも、低いほうへ低いほうへと進む、レース・トゥ・ザ・ボトム、

すなわちどん底へ向けての競争といえる点にあると思います。

九〇年代に入って、進む価格破壊に無際限な拍手を送る論者が、政財界、学究者、すなわちオピニオン・リーダーの世界に満ち溢れました。

しかし、物価が下落して、賃金が下がらないはずはないと私たちはいってきました。当時、冷戦構造崩壊、旧社会主義圏からの市場経済への労働移動が激しく進むなか、低位平準化、どん底へ向けての競争は常に下へ下への圧力にさらされざるを得ない。結果、貧富の格差はどんどん開いていく。そういう認識も背景にあった。

けれども多くの論者は、物価が下がれば消費者の利益になる、さらに、規制緩和を推し進め、日本の高コスト構造を切り崩すべきだ、と主張しました。巨大スーパー礼賛、どんな手段であれ、安売り屋の出現に大拍手……。やがて競争促進のために「大店法撤廃」の世論形成が、経済誌・新聞を先頭に世の中を席巻する。異を唱える小売り商店などには、〝守旧派〟、〝既得権にあぐらをかく輩〟などのレッテルを貼ってバッシングの対象としました。嵐はいまも続いています。

行きつくところ、「シャッター通り」でした。歴史ある商店街がたちゆかなくなり、地域社会の衰退がこれにつづいた。

「値段が下がれば消費者の利益になる」。確かにそうでしょう。しかし、消費者は労働者でもあり、また生産者でもあるのです。むろん、不当な利益を得ているものは排除、糾弾されなければならない。旧態依然の旦那商売は衰退しても同情はできません。しかし破壊的価格競争、破壊的市場競争・礼賛の行きつく先は、低位平準化しかない。消費者であり生産者であり、労働者である、統合された存在としての人間という視点を忘却する経済学が、どうして社会を豊かにし、人間の幸せをめざす学問であり得るのか。

彼らの言説につづくのは、さらなるコストダウンのためのリストラや合理化、そのプロセスを正当化する議論のほかにないでしょう。どん底への競争を正当化する危険性を見抜くべきだったのです。

過剰な贅沢や浪費を前提として成り立つ経済や生き方と決別することが必要です。同時に自分のことに汲々とするあまり、社会に対する関心が薄れ、やすやすとこのような本格的な賃下げ時代に「適応」してしまってはならない。

「レース・トゥ・ザ・ボトム」の泥沼に自ら身を投じてはならない。「破壊的価格競争」が消費者＝勤労者の利益になる、などという経済論にたぶらかされては私たちの豊かさなどはない――そう知るべきときがきているのです。

いわれなき優越意識と根拠なき錯覚

また、その逆にいまだに「日本大国論」にどっぷり浸り込んでいる人びとも少なくありません。たとえば、学ぶべきモデルとして北欧諸国の「再生可能エネルギー」などを例示したりしますと、必ず、次のような反論に遭遇したものです。つい数年前までの常でした。デンマークと日本は違う、経済小国と経済大国を一緒にして同じ土俵で論じることはできない。日本のエネルギー政策はうまくいっている、原発にはなんの問題もない、風力発電などを考える必要はない、と、そういって生前、かの高坂正堯《まさたか》氏があるテレビで私に反論を加えてきたことがあります。

「風力発電」なんて子供だましのようなことを言うな、というわけです。デンマークは、経済小国だから風力発電が出来る、という認識でした。

経済大国だと思っている日本人にとって、経済小国の北欧などは参考にならない。こういうタイプの〝確信〟はいまも強固なものがあります。幻想の大国意識から抜け切れない。この大国意識、そこからくるいわれなき優越意識と錯覚、そして奢りが、いま音を立てて崩れる過程に私たちは立ち会っているのです。

北欧諸国での最大の特徴は、市民資本の形成にあるといっていいでしょう。デンマークでは風力発電基地においては、有権者の一割が株主、つまりステークホルダー、事業の当事者です。市民が出資し、土地を提供し、技術を提供する。あれは私たちの事業だ、という参画意識が風力発電を根付かせ、さらに発展、進化させていった。私はこういうあり方のことを「市民共同発電方式」と呼んだのですが、現在では、この日本でも風力発電に関係する多くの人がこの言葉を使うようになりました。再生可能エネルギー産業を新たに立ち上げるとき、このように市民資本を形成していくあり方が望ましい。

ところが、最近、企業組合という新しい制度が、「景気対策」として登場してきた。官僚製アイデアは、草の根の運動をたちまちすくい取って勢力圏のなかに組み込んでしまう。たとえば、資本金が一円でも株式会社が作れるように、法律ができてしまった。しかし、この特例では、株式会社は三年後に一〇〇〇万円に増資していなければならない。三年間の特例措置を作っただけ。これに乗せられて気軽に事業にうって出たとしても、よほどの準備や資金繰りの対策がなければ、軌道に乗せることは難しい。ちょうど景気対策のために住宅ローン返済に向けて特別に取られたステップ償還と同じ発想でしょう。

きちんとした制度的保障がないままに会社を作れ、起業を、と煽動する。これではたとえ起業件数は増えても、その本質は北欧のシステム、社会のあり方とはまるで違う。そこには、ますます苛烈になる市場経済競争のなかで、真に自立を可能にし、それを保障する制度の確立という視点が抜け落ちています。その視点を欠いたまま、企業、ベンチャーを煽り、景気対策への方策にしようとする。人間ではなく、経済の優先という倒錯した価値観。荒涼たる競争のなかに追い込まれる心配も少なくありません。

「市民資本」の形成とは、社会的有用財やサービスを巨大企業だけに頼らず、市民自らの手で提供し、必要なものを必要なところへ送り届ける。ＦＥＣ領域での自給自足圏の形成をめざす強い市民の意思によって、はじめて可能だ、ということができます。「もうひとつの日本」への確かな一歩がここにもあり、それはすでに日本各地に芽吹いている、ということなのです。

三章　強さのなかの弱さ

悲鳴と歓声——二つのアメリカ

よく晴れた日の朝、天をあおいで悲鳴をあげる「アメリカ」を、3度、世界は目の当たりにした。2度のシャトル爆発事故と9・11テロ。ここ17年のことに過ぎない。

17年前の1月28日、チャレンジャー打ち上げ後、1分12秒で歓声は悲鳴に変わった。「巨大技術とアメリカ」を考える野間宏さんとの対話に、ある総合誌の編集者は「また一つ、神話が崩れた」と題をつけた。スリーマイル原発事故が先行し、日航ジャンボの悲劇があり、対談直後にチェルノブイリがつづいた。野間さんは「51％の民主主義は、つねに英雄を必要としている」と聞きとりにくい声でいった。

100人のうちの51人で国家の意思となる、アメリカの怖さを説いていたのだ。票数差も定かならぬまま決まったブッシュ大統領、逆ならば世界の運命は違っていたかもしれない。

わたしの読み耽《ふけ》った野間さんの『暗い絵』は昭和28年刊の「市民文庫」（河出書房）だ。

冒頭の「草もなく木もなく実りもなく吹きすさぶ雪風が…」の一節は62行、4ページにもおよぶ。17年前のその頃、野間さんは『世界』（岩波書店）に『狭山裁判』を連載中だった。91年正月、野間さんが逝ったとき、連載は15年、180回を数えていた。いつも「人間一人ひとり」が野間さんだった。

　中天をあおぎみて悲鳴をあげるアメリカ。中天から火塊を降らせるアメリカ。野間さんは二つのアメリカをしっかりと見据えていた日本人だ。

（内橋克人「時のかたち——二つのアメリカ」朝日新聞　二〇〇三年二月二四日　夕刊）

揺らぐアメリカ社会

到来した「株式会社そのものの危機」

　「グローバル・スタンダード」なる言葉が、この日本で次第に魔力を失いはじめていたちょうどその矢先に、その本家本元、アメリカ企業の信用失墜という大事件がおこりました。

　よく知られているエンロンはじめワールドコムなど、いわゆるニューエコノミー牽引企業の余りに無惨な「落ちた偶像」劇の連なりでした。

　9・11同時多発テロに揺らぐアメリカ社会に、その深奥部からさらなる衝撃が発射されたといえるほどの出来事でした。

いずれも単なる経営破綻ではなく、放漫経営でもなく、九〇年代燃え盛った「マネー資本主義」の虚妄性、あくどい錬金術、企業倫理のあっけない崩壊……すべてが、得体の知れぬそれら巨大企業の破綻によって証明されてしまったことです。

戦後、日本資本主義の本質をいちはやく「法人資本主義」と定義づけたことで知られる奥村宏氏は、『エンロンの衝撃―株式会社の危機』（NTT出版 二〇〇二年刊）において、その題名通り、これを「株式会社」という制度そのものの危機を意味する、と鋭く解明しています。

資本主義・市場経済の基礎単位ともいうべき「株式会社」、それを成り立たせる前提条件の崩壊現象にほかならない、ということです。前提条件とは何か。資本主義の倫理と公正で透明な企業間競争ルール、その二つを前提にしてこその資本主義ですが、もはやその倫理とルールそのものが、巨大多国籍企業と政治との同盟軍によって乗っ取られ、自由なる裁量のもとにおかれてしまった、ということでした。勝者がルールを決める。

日本ではあい変わらず、その後にアメリカ政府の示した「復元力」を過大に評価したり、米企業へのノスタルジアから抜け出せない発言者が後を絶ちませんが、はっきりいって彼らの期待する復元力はもはや働いていない。

現代の株式会社そのものに巣くう病巣の摘出、規制、そして浄化は、いまのところ、望み薄です。株式会社という制度そのものに腐敗と欠陥が発生する、という爛熟期、腐敗期に対応する有効な規制策を、現代の株式会社はもっていない。現代資本主義は、まさにこの遠い山脈の涯に達した、そういう重い感慨をもたざるを得ません。

株式会社の危機は、すなわちその凝集体であるアメリカの危機であることはいうまでもないところです。

その象徴、エンロンの破綻。過去にない特徴は次の点にみることができます。

一　すべてを徹底的に利潤追求のため商品化する
二　「マネー」と「虚の経済」のシステムを統合する
三　あらゆる金融手段を動員する
四　自社の利益追求の手法と、その「お狩り場」を汎世界化する
五　国内ではときの政権、海外では「規制緩和」推進派（構造改革派）と手を組み、エネルギーなどの領域で市場開放を迫る。米政府を自社の後見人とする

アメリカはつねに国家戦略のメーン・テーマの位置にエネルギー問題を置いています。当然ながら、エンロンはアメリカの「国策」とも密接なつながりを保ってきました。なぜそのエンロンが……の驚きが世界中に響きわたったのは自然な成り行きだったのです。

二〇〇二年十二月二日、エンロンは、本社をふくむ一四社についてニューヨークの連邦破産裁判所に破産法の適用を申請しましたが、その時、簿外債務をふくめた債務残高総額は実に四〇〇億ドルにのぼっていたというのですから、これこそ世界の歴史でも過

去最大の会社倒産でした。

エンロンの取引先はアメリカ国内だけでも八〇〇社に及び、むろん金融機関も多く入っています。大口融資や債権をもつアメリカの銀行経営をも直撃する一大倒産となりました。

その影響はたちまち日本に波及しました。エンロンは、アメリカ政府による日本への電力自由化プレッシャーの追い風を受け、青森県六ヶ所村に出力二〇〇万キロワットの発電所、山口県宇部市には一四〇万キロワット、また愛媛県松山市では帝人と組んで小型発電所計画なども立てていました。

その水先案内人がわが国で先頭切って規制緩和を叫び進めてきた〝規制緩和の旗手〟、「総合規制改革会議」座長・宮内義彦氏率いるオリックスです。

彼の既得権糾弾、規制撤廃への攻撃性にはすさまじいものがあり、かねてアメリカの要求する「大店法の撤廃」実現からこの「電力自由化」まで、いまはまた農業、医療、教育などの領域への株式会社(巨大資本)参入の自由化プログラムへ、と猛虎の勢いで歩を進めています。

余り一般には知られていませんが(だからこそ問題は大きいのですが)、ここに述べた総合規制改革会議という行政組織は、法的改正を必要としない規制緩和については、ほとんど野放図な権限を与えられています。国民によって選ばれたわけでもない彼ら財界人、学者、そして構造改革さえ叫べばいっぱしの記事を書いた気持ちのマスコミ人たちが、その時々の政権のお墨付きをバックに次つぎ〝成果〟をあげてきた。「構造改革」なる政治プログラムによって新たな利益と権益を得るものにとってはまさしく「正義の味方」にほかならない。

ここでは、そのオリックスのプレス・リリースから要点の引用にとどめますが、正義として叫ばれてきた規制緩和とは何だったのか、新規権益獲得を狙う勢力による既得権糾弾とは何なのか、真の国民的利害とは何なのか——日本における規制緩和の進め方を追ってきた私は、少なからず首をかしげざるを得ない。ご破算主義のあとにくるもの——宮内氏なら「企業が目の前のフロンティアに手を出して何が悪い！」と居直り、憤激するところでしょうが……。

一章に紹介したフリードマン像を彷彿とさせるものがあります。

同社のプレス・リリースには「オリックス、電力事業に本格参入——米国エンロンの対日投資会社に出資——」と題して、こう書かれています（二〇〇〇年一月四日付け）。要点は筆者が整理しました。

オリックスは自社の一〇〇％出資子会社である ORIX USA Corporation（本社・ニューヨーク）を通じて EnCom Corp.（本社・米国デラウェア州）に出資する。当初の出資比率は約二〇％程度。今後、出資額を増やしていく（上限約＄30 million）。

EnCom Corp. とは、規制緩和が進む日本のエネルギー市場へ参入するため、電力、天然ガスの卸売量で全米第一位のエンロンが設立した法人である。

日本の電力市場を有望とみるわが社オリックスによる「この度の出資は、米国をはじめエネルギー事業が民営化された国々で次々と成功を収めているエンロンと組み、（オリックスが）電力事業に本格的に参入するもの」である。

これにより、（オリックスは）エンロンとの親交が深まることになり、今後の事業展開にさまざまなシナジー効果が期待できる。

政府行政組織の長として長い時間、規制緩和を正義のごとく追求してきた同氏が、その公的行為のもたらすであろう結果をビジネス・チャンスとして、自社の企業的利益の追求をも同時に図ろうとする。また、だれもそれを不思議としない。生涯を通じて「公私截然」を貫いた多くの企業人をみてきた私には容易には理解できないところです。

いまや、エンロンの正体を知ったものの目に、この誇らしげな宣言文、どう映るのでしょうか。むろん、エンロン破綻ですべてはご破算になりましたが……。

虚飾・粉飾だらけの会計、アメリカ型錬金術

かくて、エンロン・オリックス同盟軍の日本電力市場への参入は実現することなく終

わりましたが、金融市場での被害は確実に〝日本上陸〟を果たしました。日本では、安全性が売り物の公社債投資信託の一つＭＭＦ（マネー・マネジメント・ファンド）がエンロン債の損失計上のために元本割れになってしまったのです。

エンロン債を推奨しＭＭＦに組み込んだ証券業界の責任があまり問われていないのは困ったもので、もろに損失を蒙ったのは個人投資家がほとんどだといわれます。損失をひっかぶるのは常に個人であるというのも、いつものパターンです。法人・機関投資家は「逃げ足が早かった」。

ＭＭＦは一例に過ぎません。エンロン騒動が単なる会社倒産ではなく、アメリカ資本主義の危機といわれるのは、エンロンが本業のエネルギー事業よりも現代版・錬金術でお金儲けに走っていたことが次から次へと露見していったからです。

エンロンは単にエネルギー事業だけでなく、壮大なデリバティブ（金融派生商品）を簿外取引で行っていて、この簿外金融取引で大損失を出したのが破綻の直接の引き金になったのです。すなわち本業とはまったく異分野の金融で大儲けしようとして大失敗した。しかも、その事実を決算発表でも隠し、情報開示もしなかったという悪辣さでした。つまり、会社の業績にはなんの曇りもないと偽装しておいて、別の帳簿でお金集めに狂奔していたのです。

この手口は、無から有を生み出す、練りに練りあげた錬金術でした。会社の資産、株式を担保に投資組合などに債権を発行させて、その投資組合から融資を受けるという方法です。自社の資産・株式を担保にするということは、自社への評価が高ければ高いほど、担保価値が上がる。世界最大のエネルギー会社であり、電力自由化というグローバリズムのシンボル的存在であることを利用して、実に巧みに会社の見せかけの強大さを膨らみに膨らませ、株価を吊り上げては、それを担保にお金を集めまくっていたのです。

もともとエンロンは天然ガスのパイプラインを保有し、それをうまく運用する会社でした。パイプラインは年中フルに利用されているわけではなく、時により使用密度に高低が生じ、空きができたときに、これを他のガス会社に利用させて有効活用を行ってきましたが、そのパイプラインの空き容量までさらに売買の対象にしていたというわけです。こうしたやり方、つまりエネルギーというモノの売買だけでなく、担保とか株式価値とか、デリバティブとか、いわば「虚の経済」に知力のほとんどすべてを注入する。バブル時代の日本企業の「財テク」どころではない。まさにマネー資本主義を象徴する企業そのものであったわけです。

さて、エンロンはエネルギー産業という「実業」を看板にしながら、その実、「虚業」で稼いでいた。このエンロンを時代の旗手のようにもちあげた連中は、アメリカ人にとどまらず、日本の国内にも、ごまんと溢れていました。それも政権中枢部に鎮座していた人物のなんと多かったことでしょうか。

彼らはあらん限りの美辞麗句でエンロン・モデルを称えたものです。エンロンは取締役会に多数の社外取締役を置いて、取締役会にまで第三者のチェック機能が働くようにしている。そのうえ、財務監査は有名会計事務所に委託し、徹底した経営監視システムを整備していた。まさしくコーポレート・ガバナンス、企業統治のあり方の理想像だ。こう褒めあげて、日本もアメリカ企業の優れていいところを積極的に導入せよ、と説いていたのです。

厳重なチェック機能が働くモデルとは！　しかし、笑いではすませない話です。エンロンの経営者は会社の実態をひた隠しに隠ぺいし、株価をめいっぱい吊り上げ、そのフルーツは巨額のボーナスとして社外取締役ともども私物化していました。むろん、そんなことができたのは、有名会計事務所までもが一枚かんでいたからです。

なんのことはない、アメリカの企業詐欺師グループの高等テクニックに世界中が引っかかったといえるのではないか。彼らは自社の社員にも自社株の購入を勧めておいて、しかし、自分たちトップが保有する自社株は、事態露見の寸前、サッサリと高値で売り逃げた。エンロン創業者はなんと一億二三〇〇万ドル、円換算で一四五億円ものキャピタル・ゲインを掌中にしていました。

売り逃げられたほうの社員の手元に残ったのは、もはや往時の価値のかけらもない紙切れと、失業という報償でした。

さすがブッシュ大統領も「経営者の背信行為と権力の乱用によって、アメリカビジネス界に対する信頼は地に墜ちた。新たな倫理を導入するときがきた」と怒りをあらわにしてみせましたが、このブッシュ発言をもって、アメリカの自浄能力は素晴らしい、まだまだ捨てたものではない、と総括した日本人学者の続出には驚かされたものでした。ブッシュ発言で経営者たちは厳罰に処せられるであろう、倫理の背骨がもう一度通って経済もしゃきっとする、また元気になる、そうなればV字型復活は夢ではない、などなどの言説も溢れました。騙されても、騙されても、目覚めないお人好し、「日本人」というほかないでしょう。

このエンロン事件を指してブッシュ大統領は「樽の中の一部の腐ったリンゴ」と言いましたが、ブッシュ自身にそれを言う資格があるのかは疑問です。またすでに樽全体のリンゴが腐っているかもしれない。エンロンを育て、成功させたアメリカ型マネー資本主義、アメリカン・グローバリズムの構造、仕掛けこそが、そういうエンロンのような会社にとっての肥沃な土壌となっていたからです。

「株式会社そのものの危機」としてエンロン事件を認識するには、その闇の深さを知る必要があります。株式会社は、その気になれば何でもできる、そういう例を示しておきましょう。

まさにソフィストケーテッドな（知的洗練された）やり口とでもいうべきものです。

パイプラインは年中フルに利用されているわけではなく、使用密度に高低が生じる。空きができたとき、これを他のガス会社に利用させて有効活用する、ここでもまた巧妙な粉飾による騙しのテクニックが使われていました。

たとえば、電力を送るのに光ファイバーなどを使うとすると、いまはあなたのところが空いている、私のところは満員だというと、使用料を支払って空いているところを使わせてもらう。これを相互利用で行うのですが、これをA社、B社ともに談合のうえ架空の実績を嵩上げしていく。すると業績は上がり、そのことでお互い架空の利益が増えて、業績絶好調を装っての株価吊り上げが期待できる。

エンロンの手口を分析してみると、エンロンを中核に据えてその周りに膨大な数のミニ・エンロンが蝟集していた構図が、透けて見えてきます。

いま述べた〝トリック・ゲーム〟に加わった相手先企業のA社もあくどい手口の仲間であり、さらにA社は別のC社と、同じようなことをやり、C社もまたD社、そしてE社も……、どこまでも無限に広がっていたことが分かります。

つまるところ、アメリカ中のほとんどあらゆる会社が、何らかの形で、この見せかけの利益を極大化するゲームに参加していたと言ってもそれほどいい過ぎではない。マネー資本主義のもとでは遠い将来の業績向上などは望外の関心事で、なによりも、ただ今現在の株価の高低によって会社も、経営者も評価されますから、記者会見で発表できる数値というものを、いつもいつも極大になるように、常に新手の偽装の方程式、株価吊り上げの公式を生み出しつづけてきたのです。

公式の組み立て方は、こんな具合です。通常、企業は会計原則に基づいて、たとえば株主総資本利益率だとか、あるいは貸借対照表だとか、経常利益、税引き後利益がどうだとか、当期利益がどう……そのような指標をはじき出し自社の現状を把握し、株主に開示していきます。が、そういう既存の指標にわずらわされないように、利益をいつも極大に表現できるように、新たな数値をはじき出せる公式そのものを別枠でつくってしまう、というものでした。

たとえば、販売経費をそのまま販売経費として計上すると、経費なので当然、利益は減ります。普通の考えでは、課税対象となる利益が減りますからうれしいはずなのですが、しかし、利益が減ると株価にマイナスの影響を及ぼし、これはまずいと考える。それで、どうしたかと言えば、販売経費を資産の項目の設備投資に振り替えてしまった。こうすれば、課税控除対象からは外されるが、しかし、利益イコール将来成長力という株価の判断材料には、プラスに働く。

ほかにもさまざまな手口があります。けれども、こうした手口は不正などではなく、頭を使った知力のゲームなのだとする風潮が九〇年代以降、とくにアメリカで目立ってきていました。

アメリカのノーベル賞受賞者や同類の高ＩＱパーソンが、デリバティブ、ヘッジファンド、その他の新しい金融システムや金融商品を利用するマネーゲーム理論を生みだし、そして世界がまだそれに追いつけない間に、他国の人たちをゲームに参加させて、勝ちまくったのです。商品としてのマネー、つまりモノの対価として支払うマネーではない、お金を稼ぐためのお金、というマネーを頭のなかでつくりだしました。まさに、現代版、錬金術と言えるでしょう。

頭を、知力を、先行して使って利益を得るという錬金術に対しても、勝者になることへの礼賛はあっても、非難は一切ないという社会的背景も彼らにはプラスだったでしょう。アメリカに引きずられ、あるいは後追いしてゲームに参加した日本の企業などは、見事にカモにされて、身ぐるみはがされたりもしましたが、知恵で負りたのだから、とこうしたやり口への非難の声はあがらなかった。

新しい公式を自分たちが考え出したのであれば、それを駆使して大儲けしてもいいではないか、というイデオロギーがアメリカばかりか、マネー資本主義の影響下にある世界中に、いま激しいテンポで伝染中です。

いま、企業倫理などどこ吹く風の建て前にすぎず、この種の新しい公式はなお次つぎに編み出されているところです。

「ニューエコノミー」の新しい概念

それにしても日米ともにそろってよく似通った「概念」「言葉」が流行するものではありませんか。あのバブル華やかなりしころ、「日本にはもはや景気循環はなくなった」とご託宣を下す高名なタレント的知識人が溢れていました。好不況という景気の波をくり返す資本主義の法則的景気循環そのものから、日本はもはや解き放たれた、日本は世界にも稀な常態的高原景気の持続する社会に入った、というものでした。

その前は、日本の技術はアメリカを超えた、ヨーロッパを超えた、といい、アメリカの軍事技術など恐るるに足りず、アメリカは軍事に精力をとられるから日本に遅れるのだ、アメリカの軍事技術は日本の秋葉原で買える、という勇ましいものもありました。「軍事技術・秋葉原論」として大いに私たちを鼓舞してくれたものです。「ニッポン天国論を嗤う」と失礼ながら私は、当時、書かせていただきました。

同じ現象が「ニューエコノミー」論です。

日本のバブル期に一回り遅れて、言葉はアメリカで生まれました。が、内実は日本のバブル期にそっくりです。違いは、一方のエンジンが土地・不動産、他方はＩＴ（情報化技術）というところだけでしょうか。

いうまでもなく、アメリカでもまた「景気循環はなくなった。インフレなき持続的高度成長がつづく」というものでした。これもアメリカの経済学者がお墨付きを与えたもので、いまなお「いや、ニューエコノミーは潰れていない、ＩＴは万能だ」といいつづける日本人もいます。翻訳経済学者の宿命です。

しかし、これとはまったく異なった次元において、ニューエコノミーには「新しい概念」が生まれています。今度は本物といえるでしょう。新しい概念としての「ニューエコノミー」を紹介する前に、古いほうの「ニューエコノミー」について、話をつづけなければなりません。

「ニューエコノミー」にも古いものと、新しいものがある、ということをまずは記憶にとどめておいていただきたいのです（古いニューエコノミーとは言葉の矛盾ですが）。


さて、話は、古いほうの「ニューエコノミー」論です。

古い「ニューエコノミー」時代の担い手は、いうまでもなく、規制緩和を背景に登場したいわゆるIT産業とその関連産業。ニューエコノミー企業といわれました。

企業名でいえば、エンロンしかり、その半年後に破綻した通信大手のワールドコム、会計粉飾疑惑が騒がれたゼロックス、前会長の脱税容疑で話題のコングロマリット（複合企業）タイコ・インターナショナル、また売上高水増し発覚のグローバル・クロッシング、並べてみると、すべてニューエコノミーの旗手として脚光を浴びた企業ばかりです。

新しい時代を切り拓くべき産業、企業がいったいなぜかくもそろいもそろって泥まみれになってしまったのか。もっと深く考えをめぐらせることが必要です。そうすることで、マネー資本主義の影の部分を私たちは知ることができるからです。

巨額の「会計粉飾」や「会計操作」をアメリカ企業が平気でやるようになったのは、アメリカ経済界を席巻した「高株価経営」と呼ばれる、悪い意味で洗練された新しい手法の流行がきっかけでした。高株価を演出することで、自社の株価の総価値が膨張し、それに対応して巨額の資金調達が可能になる、その資金をM&A（企業合併・吸収）や、ベンチャー企業への投資などに当てて、事業拡大をはかっていくことができたこと。

この方法はニューエコノミー時代の「株式本位制」「株高経営」「総株式価値経営」などと呼ばれ、ニューヨーク株式市場の長期上昇をもたらすのに大きな役割を果たしました。

そうした手法も株価がひとたび下降局面に入ると、あいついで矛盾を露呈するようになりますが、ワールドコムの場合は、エンロン流錬金術より、もっと高度な高等数学を駆使して、利益指標そのものを独自につくりあげてしまうという離れ技をやって切り抜けようとしたものでした。

それは、「利払い前・税引き前・償却前」の各利益を新数値として編み出し、世間に発表してしまうとやり方です。

資金借入という負債に必要な利払いを計算に入れない。利益・所得への課税も計算外とする。つまり、およそ利益に関するあらゆる数値を極大にはじき出せるよう、独自の計算方式をつくり出し、それで新しい指標をこね上げる。また、設備をいかに過剰に抱えても利益の数字は変わらない、というように数値をつくり出す。とにもかくにも「高株価」を演出するのにおよそあらゆる手だてを使い、さらには、ストックオプション（自社株購入権）や企業年金など、利益を嵩上げできる要素はすべて動員して利用するという、貪欲、巧妙な高等テクニックを自在に操ったのでした。

しかし、いかに巧妙でも、粉飾という嘘はいつか必ず露見する。一つ嘘がばれると厚化粧が剝がれ、あっという間に事のすべてが露見してしまう。ワールドコムはナスダック（ハイテク企業上場）全銘柄中第六位の大手で、二〇〇〇年三月期のピーク時の株式時価総額は実に一三〇〇億ドルでしたが、破産が噂された二〇〇二年七月上旬にはたったの二億ドル、つまり六五〇分の一になってしまい、さらには会社更生法申請によって、ただの紙切れになってしまったのです。

ワールドコムにかぎらずナスダック全体も、二〇〇〇年三月期の六兆七〇〇〇億ドル（株式時価総額）が二〇〇二年七月で二兆二〇〇〇億ドルに下落しました。この二年少しでピーク時の三分の一となり、四兆五〇〇〇億ドル、およそ五〇〇兆円相当分が消えてしまったことになります。とともに「ニューエコノミー」というバブルもついに弔いの鐘におくられて消滅への道をたどることになったのです。

ワールドコム倒産は、その半年前のエンロン倒産をしのいで世界史上でもまれな過去最大の規模になった。この点においても、市場経済未曾有の事件なのであり、アメリカ経済の屋台骨を直撃し、ひいては資本主義そのものの軀体まで揺るがせかねない事件でした。

一企業の倒産というより、世界の資本主義・市場経済のあり方に対する手荒な警鐘のメッセージをこめた倒産だったのではないかと思います。そういう視点から、その意味するところ、重要な三点を指摘しておきましょう。

一　ワールドコムは「企業」そのものを売買の対象として経営規模を急テンポで拡大してきた。さや取りを繰り返す「企業売買ゲーム」を事業の核とするようなアメリカ型経営のモデル。その行き詰まりを示していること。
二　巨額の企業買収資金をひねり出すため、いつも極限まで自社の「利益」を偽装して膨らませる粉飾、ないし粉飾すれすれの「高株価経営」がついに臨界点に達したこと。証券資本主義の危険な火遊びがビジネス・モデルの正体であったこと。
三　エンロンもワールドコムもエネルギーと通信という、重要な社会基盤を担う「公共分野」での無際限な規制緩和、「公共の企業化」をテコに急成長した企業であったこと。

ワールドコムはアメリカの「通信の規制緩和」（一九八〇年）に乗って、一九八三年に誕生した小さな長距離電話会社でした。創業者のバーナード・エバースはミシシッピ州のモーテル経営者で、そのヤンキーな風貌と気さくな性格からカウボーイと呼ばれていた人物です。

四一歳で創業し、五〇歳を超えてから積極策に打って出て、九〇年代半ば以降、実に七〇社を超える企業を次から次へと買収し、業務を拡大。そしていつの間にかＡＴ＆Ｔに次ぐ全米二位の巨大通信会社に成長しますが、この急成長の裏で買収にともなう三〇〇億ドルもの負債を抱えていた内幕がやがて白日のもとにさらされることになりました。

小魚が鯨を飲み込んだと騒がれたのが、自分の身の丈の三倍規模に相当するMCIコミュニケーションを買収したワールドコムで、その資金に、三七〇億ドルを投じています。そのMCIもまた通信規制緩和をチャンスとして躍り出た長距離電話会社。業界最大手のAT&Tには禁じられていた衛星通信（新規参入組だけに認めた）を武器に急成長した会社です。

一九九九年にはワールドコムは、やはり長距離通信大手のスプリントに一二〇〇億ドル（約一三兆円）というとてつもない資金をぶつけて買収を企てました。株価はピークに達しましたが、翌二〇〇〇年七月に反トラスト法による規制で買収は失敗に終わり、これを機にワールドコムの株価は以後、下落に転じていきました。

それでも二〇〇一年通期の税引き前損益を二三億九〇〇〇万ドル（約二八〇〇億円）の黒字と発表した。しかし、実際には六億六〇〇〇万ドルの赤字で、負債は四一〇億ドルにも達していたことが、その後、明るみに出てしまい、さしものワールドコムも、後は二〇〇二年夏の破産に向けて、いっきに転げ落ちていったのでした。

ワールドコムの盛衰こそは、資本主義社会に固有の悲喜劇として歴史に刻まれるでしょう。資本主義の光（競争社会での急成長）と影（成功者による富の独占とマネーのからくり）をほとんど同時に、一大スペクタクルのように演じてみせてくれたからです。

そして、葬り去られたネットバブルの後、「ニューエコノミー」という言葉自体も違った次元の概念において使われようとしています。バブルに踊った、うわべだけのニューエコノミーから、もっと大きな流れとしてのニューエコノミーとして。たとえば『勝者の代償』（ロバート・B・ライシュ著、東洋経済新報社刊）の翻訳を担った清家篤・慶応大教授は、その訳者あとがきにこう指摘しています。

「またライシュは、ニューエコノミーという言葉を前述のように産業革命以降の、規模の経済性が支配する工業社会、すなわち彼のいうオールドエコノミーとの対比概念として用いていることにも留意すべきであろう。というのは、ニューエコノミーという言葉はしばしばネットバブルに踊った時代のアメリカを象徴するより狭義の意味で使われることがあるからだ。本書でライシュ自身が言っているように、ここでいうニューエコノミーは、たとえネットバブルは弾けたとしても、もう後戻りできないような大きな流れを示しているのである。つまり一時の流行ではなく、より構造的なトレンドとしてニューエコノミーをとらえているということだ」

エンロンやワールドコムは新しい概念の「ニューエコノミー」ではなく、まさに古い、消え去る運命の「ニューエコノミー」の徒花《あだ》として歴史の闇のなかに消えていったというべきでしょう。

バーモント州のベン&ジェリー物語

古い概念の「ニューエコノミー」は去り、それとともに消えていった企業。これに対して、新しい概念の「ニューエコノミー」の到来を告げる企業もあります。その事例を紹介しましょう。エンロンやワールドドコムとの余りの違いに覚醒せざるを得ないはずです。

その昔、といってもほんの二十数年前のことですが、ベン・コーエンとジェリー・グリーンフィールドという二人の大学生が、大学院進学をめざして勉強していました。二人は大の仲良し、親友です。似たもの同士というのでしょうか、二人が願書をだした大学院からは次から次へと不合格通知が届く。ついに三二校もの大学院受験に失敗。

それでも、めげない明るい性格の彼らが見つけたのはある大学院のアイスクリーム講座でした。まだ定員に達していないし、授業料は一学期五ドル。この絶好の条件に、「もう、ここに決めた」と、二人一緒に受講することにしたというのです。

これが、前著『浪費なき成長』でも紹介した理念型企業、アメリカ・バーモント州のアイスクリームメーカー、ベン&ジェリー社の出発点でした。理念型企業と私が呼んだのは、企業の第一義を利潤の追求には置かず、社会的意義、自分たちの会社は社会にどんな貢献ができるのか、社会的役割はなにかを追求する企業だったからです。

スタートは借入金と二人の自己資金合わせてわずか一万二〇〇〇ドル、バーリントンのガソリンスタンドの一角に手づくりアイスクリーム店をオープンしたのが一九七八年。それから約二〇年後の一九九七年には、売上高一億七四〇〇万ドル、アイスクリームメーカーとしては文字通り世界的ブランド企業に成長していました。

利潤追求を第一義としない企業が大きく成長していく、大きくなることを求めに求めたわけではないのに需要のパイが膨らんで自然に大きくなっていった。通常、いわゆる良心的企業といわれるものは小さな地域の小さな企業のままで、大きくさせないことで企業ポリシーを維持していきます。そういう選択も貴重だと思います。

しかしベン&ジェリー社は企業の理念というものを強く押し立てながら、はからずも大きくなってしまった。なぜなのか。なにか特別な謎でもあったのでしょうか。

ある日、九州へ向かう飛行機の機上でもそのアイスクリームが配られました。アイスクリームの下に敷いてある折りたたまれた長く細いパンフレットを見て、そうか、ついにベン&ジェリーは日本にも来たんだと思いました。

いま日本ではセブン-イレブンでも販売されています。短冊状のパンフレットには、私たちはアメリカの二大スーパープレミアムブランドのひとつに成長したと書いてありました。まもなく一位になるかもしれない。

実は、このアイスクリーム、格別に安いのか、といえば、そうではない。ならば格別においしいのかといえば、アメリカのアイスクリームはみなおいしい、したがって格別うまいともいえないだろう。なのになぜそれほど売れてきたのか。なぜ消費者は買いつづけるのか、といえば、それは、容器ひとつひとつに、マニフェスト、宣言文が書いてあって、それが消費者に強くアピールしつづけているから、ということになる。

バーモント州はアメリカの東海岸の北のほうですが、マニフェストには、「私たちはバーモント州生まれのアイスクリームメーカーだ、バーモント州の零細な酪農家以外から原料は買いません」と書いてある。ただそれだけです。

前著で述べましたが、要するに、大資本による大手企業の利潤追求型大規模農業の巨大なパワーになぎ倒されていく零細な地域農民、家族経営のファーマーを守るために、そして伝統的なアメリカン・デモクラシーを支えるために、デモクラシーの担い手であるファーマーと私たちは一緒にやっていきたいのだ、という宣言でした。

一九七〇年代、八〇年代というのはアメリカの農業が、アグリビジネスに取り囲まれ、農業そのものは巨大化していくが、その巨大農業資本によって囲い込まれた、個人のファーマー、農民は追い出されてしまった時代です。その後には、とうもろこしならとうもろこし、馬鈴薯なら馬鈴薯だけ、というふうに、単一栽培のプランテーション（単一作物の大規模農業）が主流を占めるようになった。スプリンクラーが、大地から地下水を汲み上げては大量の水を振りまいている。

そしていまや地域によっては、遺伝子組み換えのとうもろこし、あるいは馬鈴薯その他、遺伝子操作をした作物一色で染め上げられているわけです。そうした巨大な農業資本が自営農民たちを追い出していく。が、そのなかでこのバーモント州だけは辛うじて家族経営の農業が残った。

ベン&ジェリーのマニフェストとは、その辛うじてバーモント州に残った酪農家、ファーマーへの支援を訴えるものでした。私たちはたとえ零細といえども地元の酪農家たちに生き残ってほしいと願っている。だから、私たちはアイスクリームをつくって売っているのだ。少し高い時があるかもしれないが、よければ買ってください。その代わり、私たちはどんなに国際相場が下がっても原乳をバーモント州の農家以外からは買いません、そう宣言文には書いてあるのです。

消費者はどう受けとめたのか。そうだそうだと。そうした中産階級とか自立農がいなくなればアメリカ民主主義はさらに空洞化してしまうだろう、それは困る、そう自覚した消費者が「決意せるマーケット」を自発的に形成し始めたのです。自覚せる消費者(安値だけを追い求めない顧客)と、理念型企業(利潤追求だけを第一義としない企業)のそれぞれの決意の呼吸がそこで出会ったわけです。

剝き出しの自由競争によるマネー資本主義のアメリカという国のなかで、一方ではこうした未来型の消費者と企業のあり方、共生モデルが生まれ育っていることに刮目しておきたいと思います。

運動性と事業性の一致

重要なことは、実は、このベン&ジェリーが、さらに次の段階へと進化をとげていることです。社会的弱者とされる人たちへの積極的支援企業へと、さらなる進化をとげつつある。

たとえば、アメリカではNPOが、「SWEAT×（スエット　ノー）」という運動を起こしています。ご存知でしょうか。スエットとは、労働者を低賃金でこき使う、搾取するという意味で、この搾取＝×（バツ）でスエット　ノーなのです。アメリカでは、不法就労している移民、つまり不法移民者たちの弱みにつけ込んで、ものすごくあこぎな条件でこき使う企業がかなり多い。

州法の最低賃金法さえ無視して、その最低賃金の何分の一もの超低賃金で使うのですが、これに対してバツ（×）、ノーだ、公正な労働対価を支払うべきであるという運動をNPOが起こしている。そのNPOにベン&ジェリーは、まず一〇〇万ドルの基金（一億二〇〇〇万円相当）を出して運動の支援に乗り出しました。

また、これはNHK・BS2「世界潮流」という番組で私も出演して紹介しましたが、ベン&ジェリーは孤児や貧困者のために、その人たちがアイスクリームショップを開店できるように支援しています。普通は、ショップを立ち上げるときはフランチャイズ料などいろいろとお金が必要なのですが、それらを全部免除して支援する。

アメリカという〝一人勝ち容認・奨励社会〟のなかで、ベン&ジェリーの彼らはなぜそうまでして、努力しても結果が出なかった人、報われない人たちと深く関わっていこうとするのでしょうか。

先の小型パンフにあるマニフェスト、宣言文にはこう書かれています。

われわれは三つのミッション、使命というものを企業として果たしたい。一つはプロダクトミッション、「商品の使命」である。自分たちの商品については絶対の責任を持ちたい。正真正銘一〇〇％無添加の天然素材を届けつづける。二つ目はソーシャルミッション、「社会的使命」だという。それは人々がより良く生きていくために、あるいはそう望む人々を支援したい。げんに彼らは、バーモント州の地域社会で零細な酪農家たちを支援する、という社会的使命を果たすために生まれた。そういう企業としてありつづけたいといっているのです。

そして最後にエコノミックミッション、「経済的使命」と書いています。まず従業員に報いたい、私たちは将来のためにきちんとした研究もしたい、だから適正な値段、価値に相応しい対価を支払って下さい、そう訴えているのです。

彼らがアピールした三つのミッション、それに対して拍手を送る自覚的消費者が、心から納得し、あるいは積極的に運動に関わりたいという意志の発露として、喜んで対価を支払うということです。買い物という人間の喜びを満たす楽しみにプラス、もうひとつ別の喜びを感じることができる、消費者の心からの欲求でもある、この二重の喜びこそベン&ジェリー社をして世界的なアイスクリームメーカーに成長させた原動力でした。

ベン&ジェリーのアイスクリームは、アイスクリームを買ってくれる人びとに、アイスクリームという食べものだけでなく、もっと深い、もっと次元の異なった、社会的意義、そして理念というものを提供している。自覚的消費者とは、このように、理念に対して喜んでお金を払う買い手のことです。私はそう呼んできました。そして、真に消費者の心に届く商品とは必ず、理念、思想をともなっているのではないでしょうか。

理念を掲げ、新しい概念を生み出す。そしてその理念と概念を、形にして示し、訴えを込めていく。「たとえ零細といえども、私たちはこのバーモント州の家族経営の酪農家たちに生き残って欲しいと思っている。だからアイスクリームをつくっているのだ」というメッセージへの共感。その深さが事業そのものを進化させ、また次の運動へ、進ませた。

こうして運動性と事業性が一致する。運動が進化すれば、事業もまたも進化していくのです。わずか二〇年で世界的なアイスクリームメーカーに成長したベン&ジェリーがこのことを証明しているのではないでしょうか。

三つの使命、「商品責任」「社会的責任」「適正利益」——企業倫理として当然のことなのに、そこに新鮮な喜びを共有できるのは、マネー資本主義がブルドーザーのように踏み潰しているものが、実は、ほかならぬ「人間」そのものだ、ということを、怒りとともに人びとは実感させられているからだ、と私は思います。

グローバリズムへの抵抗

全米三〇州で禁止された敵対的企業買収

資本の行動についていっさいの障害を排除し、徹底自由を追求する、「利が利を生む」グラウンドを世界に広め、同一の条件を各国に要求する、というのが「マネー資本主義」の本性ですが、では、アメリカ国内ではどうでしょうか。

もともと、このアメリカ型マネー資本主義の特色の一つは、八〇年代後半から盛んに行われてきた企業合併や買収（M&A）にその先駆をみることができます。

「小魚が鯨を呑み込む」と言われたように、さまざまな手法の企業買収が流行しました。

TOB――株式公開買付け、敵対的買収。一定期間内に一定数量以上の株式を一定の価格で買い付けることを公表して行う買収ですが、企業の経営権を非効率な経営陣から効率的な経営陣へと交替させることができるとされてきました。

ＬＢＯ――レバレッジド・バイ・アウト。これから買収しようとする企業の資産を担保にして資金を調達し、その資金で相手先を買収してしまいます。資金を融資する金融機関にとっては、ハイリスク・ハイリターンの極致ですが、当時のアメリカでは猖獗《しょうけつ》を極め邦銀もまたハイリターンを求めて手を染めました。

グリーンメール――企業乗っ取り、あるいは株の買い占めによるさや取り。買い占めた株が最高値になったと思われたところで、対象企業にそれをそっくり買い取らせる。ドル紙幣が緑色をしているところから「グリーン」、さらに脅迫状の「ブラックメール」の二つのことばを結んだ造語で、こうした手法の使い手は「グリーンメラー」と呼ばれています。株価吊り上げの違法すれすれ、あるいは違法な情報操作もいとわず、多くの逮捕者、被告人を輩出しました。

こうしたアメリカ西部劇の延長のような、勝者が正義となる市場万能主義経済をやがて日本もお手本にするようになった。当初は日本には馴染まないと嫌悪感をさえ示した人も少なくなかったのですが、九〇年代不況に入ると、それが何か経済の活性化につながるがごとく囃し立てる人が出てきて、新奇なものが好きな日本のマスコミがそれを煽り、そして、これを受け入れないと時代に乗り遅れるといった空気が生まれてしまった。

たとえば、「企業買収は、日本ではまだ希少だが、アメリカでは日常的な経済活動になっていて、企業売買という企業市場によって企業価値が判定される」、「経営陣は、これによって企業の市場価格を最大化するように努力する」、「外部からの企業買収に備えて、企業経営に規律を与える効果がある」、「コーポレート・ガバナンス（企業統治）の観点からみて、企業経営の透明性を高める価値がある」（各新聞記事）などといって、歓迎するようになった。日本でも敵対的買収は正当な救済活動として認知されています。

この流れは欧米では大きなうねりとなっている、などと日本のマスコミは、しばしば称讃まじりで伝えました。以後、最近にいたっては旧長銀、ライフ、長崎屋、宮崎シーガイアと次つぎアメリカ資本による買収が続いています。ところが本家本元のアメリカでは、とっくの昔、すでに全米三〇州以上が州法によって自州の地域企業を防衛する法律をつくり、敵対的買収を禁止するようになっているのです。なかには買収に乗り出してから一年半以内に、買収した企業を再売却して得た利益はすべて没収すると定めた州もありました。

日本で礼賛されているアメリカ型の活力ある社会とは、いったい何なのでしょうか。州法によって、自己防衛を認めている全米三〇州は、それでは経済の活力を欠いた地域ということになるのでしょうか。

なぜ、三〇州もが、このような企業売買を禁じるにいたったのか――深く思いをめぐらせて当然でしょう。剝き出しの資本主義への警鐘が、すでに本家本元のアメリカで発せられていたのですから……。

にもかかわらず、これを経済活性化のモデルだなどとして日本にもち込み、あまつさえ「構造改革」を推し進めるターボエンジンのごとく、〝翻訳経済学者〟や経済紙が無批判に唱導しました。そうした〝無知の模倣〟のうえに「構造改革」は乗っかって流れている。

テロがあぶり出した世界経済のバイアス

「テロは世界を変えたか」という朝日新聞の一連のインタビュー企画記事での私の話（本書21ページ参照）をもう一度、ここで振り返ってみたいと思います。私は次のように語っています。

「（9・11テロのあと……）まずアメリカの浪費構造に大きな変化が現れた。貯蓄率が急速に上がっています。2000年には実質ゼロ、あるいはそれ以前はマイナスだったものが今年9月にはもう4・7％まで上がっている。通貨供給量をいくら増やしても、国内総生産（GDP）は増えないという、日本と同じ構造がアメリカに出てきた。失業率も急上昇している」

「アメリカ一国の壮大な浪費を前提に成り立つグローバル経済のゆがんだ循環が、持続不能に陥り始めた。これがいま進行していることの最大の意味でしょう」

アメリカ経済に何が進行しているのか。ひと言でいえば「強さのなかの弱さ」が浮き彫りになってきたということです。結果、「世界経済の歪み」が私たちの目の前にあぶり出された。

神野直彦・東大教授との対談から、こうした現実について洞察を深めていただきたいと思います。(「世界」二〇〇二年一月号　内橋克人編・著『誰のための改革か』所収　岩波書店)

「内橋　九月一一日の同時多発テロ事件の直後、私は、この事件以降アメリカの浪費構造は終わりの時へ向かうだろうと予想しました(『世界』二〇〇一年一一月号)。

その後、以前からのアメリカ経済の退潮傾向に拍車のかかっていることが、二つの指標の上昇と、一つの指標の下降として現れてきました。上昇に転じている一つは『マーシャルのk』(通貨供給総量をGDPで割った数値)で、激しいテンポで上昇しています。二〇〇一年に入って、FRBによる合計一〇回もの利下げ、その間に一兆三〇〇〇億ドル以上も通貨供給量が増えているにもかかわらず、です。アメリカ経済と信用の収縮が表われています。もう一つは、これまでゼロ、あるいは実質マイナスといわれてきた個人貯蓄率の急速な上昇です。テロ前の段階ですでに四%を超えていましたが、テロ以降さらに上昇し、九月には四・七%にもなりました。一方、下降に転じた指標は言うまでもなく、七─九月期のGDPで、〇・四%のマイナス成長でした。予測より少しはましだったとはいえ、八年半ぶりに減少に転じた。これだけみても、アメリカの浪費に支えられたマネー資本主義、あるいはアメリカ発のグローバリズムを推進してきたエンジンの噴射力が衰退していることがわかります。

神野さんは近著『二兎を得る経済学――景気回復と財政再建』（講談社）の中でも、『アメリカン・バイアス』という言葉で、日本の経済改革のあるべき姿を考えるときわれわれは『日本モデル』を歴史的状況の変化に対応して改革すべきである、それを全部捨て去って、バイアスのかかった『アメリカン・モデル』に追随するだけではいけないと厳しく指摘しておられます。私も全く同感で、九〇年代を通して追随してきたアメリカン・モデルが、まさにわれわれにとって決してモデルではなかったことが事実において明らかになってきたと思います。いわゆる日本の市場原理主義者たちが九〇年代をリードしてきたことが『日本の不幸』をもたらした。その事実を思い知らされる時がいま来つつあるのではないか。

彼らが教科書だと言ってきたアメリカン・バイアスのかかったグローバリゼーションそのものに、ラジカルな質的変化が起こっているのですから……。同時多発テロはたいへんに悲惨であったけれども、この事件があぶり出した現実とはこういうものだったと、いま客観的事実として指摘できるのではないでしょうか。

神野　あの九月の秋晴れの朝に起きた事件は、世界経済と日本経済の枠組みを大きく変える契機になると思います。いま指摘された短期的な指標と同時に、きわめて長期的にみても、世界の通貨体制あるいは経済秩序が大きく変わろうとしていると言えます。

ちょうど第一次大戦でパックス・ブリタニカに挑戦したドイツは敗北しますが、勝利したイギリスも戦後は結局基軸通貨国としての地位を保てずに、世界経済が混乱していくように、あるいはベトナム戦争がニクソン・ショックを引き起こし、アメリカのつくり上げた世界の通貨体制が動揺していったように。

この戦争でアメリカが仮に傀儡《かいらい》政権をアフガニスタンに樹立できたとしても、その後の混乱からドルという基軸通貨がベトナム戦争時以上に動揺するのは必至です。ベトナムを教訓とすれば、暴力を暴力で封殺することはできないという自明の真理に照らしてみても、感情に任せて手を振り上げてしまえば、自殺行為になりかねないことに気付くはずです。ヨーロッパはすでに資金の引き揚げをかなり始めています。今後危機的な状況になったら基軸通貨としての地位を保つために資金が還流するような政策を必死で打つとは思いますが、資本の流れが集中することで維持してきたアメリカの浪費経済の命脈を自分で絶つことになるのではないか。

その意味でこの戦争は、アメリカが冷戦のもとで育成してきた私兵としてのテロとの戦争であることを考えても、二一世紀の新しい戦争ではなくて、むしろ二〇世紀の尻拭いとしての戦争であり、二〇世紀の社会経済構造をシンボリックに総決算する戦争になるのではないかと思います。

二〇世紀は工業化を追求する二つのシステムであるパックス・ソビエトロシアとパックス・アメリカーナの時代だったのですが、奇妙なことに二つともアフガン戦争がその終焉の引金になっている。ソビエトがアフガン戦争に乗り出したことから社会主義に対する信頼を失い、アメリカは市場経済の勝利を高らかに宣言したのですが、実は危機は忍び寄っていて、井上達夫さんの表現を借りれば、二頭のシカが角と角を絡み合ったままバタッと倒れて、一方が動けなくなって死のうとしているときに、片方のシカが片目を開けて『勝った』と言った、それに近い気がします。

まさにこの一〇〇年は、重化学工業を推進し、かつ一九世紀に形成された国民国家の時代だったのですが、財政から見ても国民国家の枠組みが動揺しはじめており、この事件はおそらくトータル・システムとしての社会が大きく変わるシンボリックな転機として語られるのではないかと思います。

この一〇年とは何だったのか

内橋　冷戦崩壊後の一〇年余の間、資本主義・市場経済の完璧な勝利を信じて疑わない人が多かった。ところがそれは意外にも短期に終わるのではないか。一〇年という時間をもって進めてしまった構造の歪み、つまりアメリカン・バイアスが結局は自ら自己矛盾をさらけ出していく。一体この一〇年とは何だったのでしょうか。

神野　この一〇年間は危機の時代だったと思うのです。『機』は変化という意味ですから、危機とは『危ういことに変化する可能性がある』ことであり、破局か肯定的な解決か、いずれかの道が準備されるはずですが、この時に舵取りの方向を間違えたのです。

内橋さんが『共生の大地』（岩波新書）などで指摘されていますが、市場か政府か、あるいは市場か国家かという選択ではない道を本来は、選択しなければいけなかった。ところが、自由放任の反省から誕生したケインズ的福祉国家として成立した二〇世紀システムを、また自由放任の遠い過去に葬り去られた市場主義で引っくり返したわけです。租税論の立場からみると、所得税から消費税への転換は重商主義時代にホッブスなどが唱えた消費税礼賛論と全く同じ理論の繰り返しであり、それをアメリカや日本が採用したのは、結局二〇世紀システムの成功者たちが既存のシステムをそのまま維持しようとしたところに問題があったのだと思います。

内橋　その成功者たちが、自らを抑制する倫理を捨て去って、『自由』イコール『やりたい放題』となった。記憶に生々しいのはＭＡＩ（多国間投資協定）です。先進国、とりわけアメリカが世界の国々の格差を衝いて覇権を打ち樹てるのが真意の協定で、具体的には南の鉱物資源や土地など『公共』の権益を、超国家企業が押さえていく。進出先で外資は内国民待遇の保障を要求し、もし『不平等な扱い』をするならば当該政府を裁判に訴えることができる、というような内容でした。幸いなことに、ＮＧＯやフランス政府の力で阻止することはできたけれども、たいへんにシンボリックなできごとでした。

グローバリゼーションが目指したのはそういうことだったのか、と。資本の利益率が慢性的に低下するなか、国家と国境を超える資本がより高い付加価値を求めて地球を自由に闊歩する。そのためにゲートレスな（垣根のない）経済をつくろうというアメリカ資本の欲望がＭＡＩ騒動のなかに象徴されていますが、ヘッジ・ファンドはじめ利が利を生むマネー資本主義こそアメリカ発グローバリゼーションの正体であり、それが『危うい変化の一〇年』の牽引車だった、と……」

私は、早稲田大学での石橋湛山ジャーナリズム大賞記念講座など、多くのところで、「グローバリズムは世界の富を増やしたか」というテーマで、問題を投げかけてきました。

いま世界の人口約六〇億人。うち一日一ドル以下の所得で暮らしている人たちが一二億人、飢餓線上に苦しむ人たちが八億人といわれています。日本の人口の七倍もの人たちが今日の食事にも事欠いていて、しかもその数は、マネー資本主義、アメリカン・グローバリズムが猖獗をきわめたクリントン政権下の九〇年代に、世界銀行の調査も示しているように、一気に増え、いまなお増えつづけているのです。

かつてクリントン政権の経済諮問委員として、また九七年からは世界銀行のチーフ・エコノミスト兼上級副総裁を務め、そして二〇〇一年にはノーベル賞を受賞した経済学者のジョセフ・E・スティグリッツは著書『世界を不幸にしたグローバリズムの正体』（鈴木主税訳　徳間書店刊）のなかで、世界の貧困と超大国のエゴの実態についてレポートしています。

貧困は昔からあってアメリカが世界を貧困にしたわけではない、という言い方をする人たちもいますが、世界の貧困層が九〇年代に格段に増加し、深刻化したことは、否定しようもない事実です。

グローバリズムは世界の富を増やしたか——という設問への答えは、世界の富は九〇年代の一〇年間で世界全体としては増えたかもしれないけれども、しかし、貧困層はそれ以上に急増した、ということです。つまり富の寡占化に拍車がかかった。

国連開発計画（ＵＮＤＰ）の一九九九年報告には、世界の所得上位二〇％の人たちと下位二〇％の人たちの所得格差は、一九六〇年には三〇対一であったのが、九〇年には六〇対一に、そして九七年には七四対一へと暗澹とするほかない格差にまで拡大したと報告されています。

さらに、世界の大資産家二〇〇人の所得合計は一九九四年に四四〇〇億ドル（約五三兆円相当）であったのが、九八年には一兆四二〇〇億ドル（約一七〇兆円相当）になった。たった二〇〇人で日本の国家予算の二倍以上のお金を囲い込んでいる。お金持ちのお金は四年間で実に二・四倍に増えているのです。

グローバリズムが悪いのではない、グローバリズムは資本も含む世界の資源配分を効率化した、などという見方をする人もいます。しかし、グローバリズムは、マネーを介して貧しい国の資源を富める国に移し、農作物はじめモノづくりの付加価値を相対的に引き下げることで、貧窮国での労働を、いっそう割に合わないものへ、と激変させた。

資源効率を高めた、というのは、そのような歪みと引き換えにもたらされたものです。

ＩＬＯ（国際労働機関）の二〇〇一年版世界雇用報告によると、世界の労働人口約三〇億人のうち、三分の一のおよそ一〇億人が、失業あるいはそれに近い状況にあり、生活に必要な賃金を得られていない不完全雇用の状態にある、と報告されています。

このような歪みをひきずった富の増え方を、「地球の豊かさ」への貢献などと呼ぶことはできない。

アメリカの対極イスラムの思潮

世界を覆うドル還流のシステムに乗って、マネーが自己増殖しながら疾駆し、人びとの労働の成果や自然をふくむ資源を、富める国へ移していきます。この仕組みをさらに強固なものとするために、資本にとっての「徹底自由」を世界同一のスタンダードとして確立しようとする。何よりもここにグローバリズムの本質があることを忘れてはならない。

この日本でもＷＴＯ農業交渉の行方が大きな問題になってきました。スーザン・ジョージがすでに指摘している小規模家族経営、地域社会、つまりこまやかな生業《なりわい》がなぎ倒されていく。これを守ろうとする勢力や信仰がグローバリズムにとっては大きな障害になっているのです。

たとえば、繰り返しになりますが、イスラムでは労働の対価以外の報酬を受け取ってはならない。人もマネーも神がお与えくださったものだから、イスラムの金融機関は利子とか利息の概念そのものを禁じていて、預金にも利子はつかない。

イスラムの金融機関は、ゼロコストの資金を集め、自ら生産設備を買い求めて起業家に提供する。リスクも成果も事業家と共有する。基本にあるのは宗教的な「喜捨の思想」であり、利が利を生むマネー資本主義へのアンチテーゼがイスラムにはあるのです。

西欧文明、そしてグローバリズムを進める側からすれば、イスラムは特殊な、限定的な社会だとみなしてしまいがちですが、イスラム銀行はすでに世界二〇カ国に広まっています。あきらかにマネー資本主義とは異なる価値観であり、グローバリズムとはまったく異質なものです。それゆえ、世界市場化、グローバリズムを推し進めるアメリカなどにとっては、受け入れがたく、根源的な脅威として映るのでしょう。

信仰に根ざした宗教的原理に修正を迫るのは並大抵のことではありません。

どうすればイスラムに対してそれは可能なのでしょうか。対イラク攻撃のあと、アメリカの思いついたのがまず、「公共を個人の手に委ねる」ことから始めるというものでした。

冒頭に紹介したATTACは市民への「水の配給」について、次のようなリポートをウェブサイトに載せています。「サンド・イン・ザ・ホイール」という週刊ニュースレター（英語版）から引用してみましょう。

「米軍当局は今週初め、イラクの港湾都市ウムカスルで続いていた市民への水配給をめぐる混乱を、うまく収拾する名案を思いついた。米軍が、タンク車をもっている地元住民に水を無償で提供し、その住民が、貴重な水を〝妥当な〟料金で販売することを許可することにしたのである。『こうすれば、彼らが張り切って仕事に精を出すインセンティブになる』」

すなわち「ミルトン・フリードマンの原則」です。

飲料水、とりわけ戦後混乱のただなかにおかれた地域で、人間生存にとって最も重要な「水」という公共財を売買の対象にする。つまり、「商品」として市場経済のメカニズムに組み込む。

当然、これによって利益を得るものとそうでないものとが生まれる。ひとたび、利を掌中にすれば、その利得者は「水」売買による特恵を容易には捨てようとしないでしょう。

確かに、これによって「水」をめぐる混乱（アメリカによる対イラク攻撃の前は存在しなかった）は、一応、収まるかもしれない。市場主義経済という名の「餌付け」で味をしめた人びとは、やがてこれに馴染む。これで、彼らはもはや「帰らざる河」を渡ったのだ、と他方の側は読んでいることでしょう。

けれども、「水」を購うのに要する代金はどうなるのでしょうか。

タンク車の所持者はビジネス・チャンスにあずかり、そうでないものは生存に不可欠な飲料水さえ、望むままには口にすることができなくなる。「公共の企業化」が進む。

これで、手強いイスラムの教えに風穴を空けることができる、と他方は考えている。けれども、果たして筋書き通り、ことが運ぶかどうか、私には疑問です。これからを注視するほかにありません。

いずれにせよ、市場原理にとって目障りな宗教原理、あるいは異なった体制を同化するのに、アメリカはどこでもよく似た手法を導入し、駆使してきました。まさに冒頭に触れた通りです。

しかし、異質だからといって、異質なものが相手を力で押し切ろうとしたり、ねじ伏せようとしてはならない。天秤測量計は両極の分銅のバランスでなり立ち、機能を果たしています。いずれかが、いずれかにとって代わるのではなく、双方が双方の社会をより快適で健全なものにするには、互いに価値高い対抗思潮とならなければならない。

冷戦構造の時代には自由主義国陣営の対抗思潮として、社会主義圏がその役割をはたしました。年金、医療、福祉をふくむ広範な社会保障などの制度は共産圏にどう対抗するかということから、資本主義がしぶしぶ譲歩しつつ生み出してきたものでした。

そうした対抗思潮がなくなった後に、グローバリズム、市場一元主義、マネー資本主義が自由奔放に世界を席巻し、燃えさかりました。九〇年代、二〇世紀最後の一〇年は、そういう意味で資本主義・市場経済の暴走を許した時代でもあったと言えます。私たちの暮らしの周辺に押し寄せている目にはみえない不安のこれが正体かもしれません。

「アメリカ依存経済」の幻想

アメリカ浪費社会の終焉

すでに指摘したところですが、9・11同時多発テロ以後の世界経済を見ると、まず、アメリカの浪費構造が終焉のときを迎えているという認識こそが重要です。テロ後、アメリカFRB（連邦準備銀行）は次から次へと一〇回以上も利下げを行い、通貨供給量をますます増やしていますが、GDPは思ったようには伸びていません。むしろマイナスが多く続いています。

短期的にはやや上昇に転じたりもしていますが、後述のように、国防という名の公共投資、つまり国防バブルのせいであり、マクロではGDPがこれから先、成長しつづけるなどはあり得なくなっているということです。

日本も同じように、日銀に通貨供給量を増やせと政府はプレッシャーをかけつづけてきましたが、期待に応えるようにはGDPの成長がみられない時代が始まっています。すでに触れたところですが、アメリカの指標で注意しなければならないのが貯蓄率の上昇です。アメリカの消費構造は、これまで可処分所得（個人が自由に使えるお金）以上の消費をするという浪費に支えられてきました。むろん可処分所得以上の消費ということは、消費者金融など金融機関からの借金を不足分に充てているということで、その場合の担保は株価の上昇益やエクイティ・ローン（所有不動産値上がりの差益分を担保にして融資を受ける）でした。主にニューヨーク株式市場の高騰が続くことを当てにして借金をし、消費に回していたのです。

貯蓄率がゼロかマイナスという普通では考えられない生活が可能だったのはこのゆえです。それがテロ一カ月後に貯蓄率は四・七％にはねあがり、逆に株価は下がり、失業率は上昇に転じた。その後も基調的には同様の経過を辿っています。アフガン空爆、さらにイラク攻撃、北朝鮮問題など、国際政治の荒れ狂う舞台のほうにとかく目を奪われがちですが、アメリカ経済の実態は速いスピードで下降局面に向かっています。

アメリカ経済が九〇年代とは、まったく異なる様相を見せはじめた。

明らかな質的変化がアメリカ経済に始まっているとみなければならない。マネーにマネーを稼がせるという現代版錬金術のシステムが機能しにくくなってきた。アメリカ主導のマネー資本主義に、これまでとは違う動揺が兆している。

マネーの暴力、非道徳性を正当化するマネー資本主義に対しては、かねてより警鐘を鳴らしてきた私ですが、資本主義というものがこのような形で世界を包摂しつくそうとする時代は、その資本主義の歴史から見てさえ、異例の現象とみなければならない。そう私は考えています。


兵庫県淡路島のある信用金庫に行ったときのことを思い出します。正面玄関の前に石碑が立っていて、その石碑には「働くものは強し、蓄えるものはなお強し」と刻んであった。いまはすでに九〇歳を超えてまだ元気な創業者に会って話を聞いてみました。すると、自分が戦後、信用金庫を創設したとき、このことばを刻んだ、自分の信念だと話してくれました。創業時は、地域の人々に「一銭貯金」を呼びかけ、そこからスタートした、と。彼自身は戦前、その地方の米穀商で丁稚奉公をし、集金に歩くのが仕事で、お米とその代金の回収を介して人々の生活、台所を見てきた。働くこと、蓄えることなくして人の世の幸福はないと信じるようになった。それで、あのことばが自然と心に湧いてきたのだという。

マネー資本主義とは対極にある思想ではないでしょうか。地域社会とともに歩んできた、日本型自営業を支え、商店を支えてきた、そんな地域に密着した中小の金融機関が立ち行かなくなるようなことがあってはならない、と思います。

合併につぐ合併で大手都市銀行は生き残りをかけた競争に明け暮れています。しかし、そこでつけた競争力とは、本当に私たちの生活を支える、あるいは中小企業の再生へと向けられるものなのでしょうか。

マネー資本主義の終わりの始まりともいえる兆しが、たとえ、かすかといえどもほの見えるいまこそ、もういちどあらためて資本主義・市場経済というもののあるべき姿、そして真っ当に働き、蓄えたお金の使われ方が問われなければならないでしょう。

消し飛んだ「平和の配当」

バブル崩壊後の構造的停滞に呻吟する日本経済とは逆に、アメリカ経済はつい最近まで「ニューエコノミー」(先にも触れたように「古い意味」での)に沸いていました。そのアメリカの好況を例にひいて、「財政赤字、恐るるに足らず」と野党総欠席のまま国会での施政方針演説を行ったのが、当時の小渕恵三首相でした。

しかし、そのアメリカの好況、そして財政赤字の解消は、冷戦構造崩壊後、同国政府が踏み切った「平和の配当」に大きく負うものであったこと、首相が知らないはずはなく、直後、私は「平和の配当」効果について、次のようにまとめたものです。

いま、その「平和の配当」効果が見事に消し飛んだ現実をみるため、そしてアメリカ経済がいま、どこへ向かおうとしているのか見定めるうえでも、ここでじっくりと読んでいただきたいと考えます（『同時代の読み方』二〇〇〇年三月　岩波書店刊）。

　ここでいう施政方針演説は二〇〇〇年一月になされたものであり、それからわずかの間に、いかに急速な変化が起こったものか、あらためて深い感慨に打たれざるを得ません。

米財政再建と「平和の配当」

「（小渕首相は）施政方針演説で『世界のどこを探してもモデルは存在しておりません』と国民に覚悟を求めながら、実際には、その『存在していない』はずのモデルを都合よく『アメリカ』に求めているのも、その一つである。

　こと財政に論がおよぶとたちまち『未曾有の財政赤字に苦しんでいた米国は史上空前の黒字を記録する』ところとなったが、そのゆえんは『史上最長の景気拡大があったからだ』と主張している。

　アメリカ・モデルにならって、自分の政権が生み落とそうとしている史上最悪の赤字財政・予算を正当化する根拠としているのである。歴史的な背景が視野の外に投げられている。

　よく知られているように、アメリカの財政再建は『平和の配当』に多くを負っている。

　十年前、冷戦構造が崩れ、東西新時代が始まろうとするころ、時のブッシュ政権と議会はいかに大胆に国防費を削減するか、削減された予算はどこに振り向けるべきか、議論に精力を注がざるを得なかった。

当時、アメリカの総兵力二一〇万人、国防費は二八六〇億ドル（一九九〇年度歳出ベース）、国内総生産（GDP）の五％にも達していた。それを軍事力の全分野で削減に手をつけ、以後の五年で国防費支出を国内総生産の四％水準にまで縮小する、と大統領は宣言した（一九九〇年一月）。

すなわち九二年度からの五年間で国防費の実質削減額を一八〇〇億ドルにする、というものであり、目標は実質三年で達成された。

『平和の配当』は教育、環境、医療、住宅、研究開発などの分野に、そして何よりも財政赤字の削減に振り向けられた。『強いアメリカ』をスローガンにレーガン軍拡がもたらした財政破綻の修復に当時のアメリカ政府は賭けたといえる。IT（情報・通信技術）のイノベーションにしても、そのような削減と再配分がもたらした成果の一つである。

小渕首相のいうように史上最長の景気回復があったから財政再建が実現したのではなく、赤字そのものを膨張させる国防費を削減し、それによって得られた資源の再配分を決行したことが景気回復の強い触発剤になった、というのが事の真実である。

東西冷戦構造の崩壊という大きな国際的、歴史的転換が背景にあり、アメリカ政府がそれに適応せざるを得なかった、という側面があったにせよ、しかし、国内総生産（GDP）比で七％にもなる日本の公共投資をさらに膨張させて、景気回復を叫びつづける小渕政権とは思考の順序が逆であることは明らかなところだ。

財政赤字はいかに巨額にのぼろうとも景気さえよくなれば問題は解決する、アメリカがその証明である、として自説（政策）を補強することの当否が問われなければならない。

問題はさらにつづく。

こうした主張の最大の危うさは、何よりも頼りとするその〝絶好調のアメリカ〟もまた決してモデルではありえないところにある。

確かに、ピーク時の九二年度に二九〇〇億ドルを記録した財政赤字が、いまでは黒字転換し一七六〇億ドルもの黒字を見込めるまでに改善された。それは事実である（二〇〇〇年度見通し）。

連邦政府は二〇一三年に無借金となり、政府債務の減少にともなう利払い負担の減少分は社会保障基金の強化に当てるとしている（クリントン大統領「一般教書」＝二〇〇〇年一月）。

財政破綻寸前、税収の四五・八％以上を国債費（国債の利払いと償還）に消尽せざるを得ない日本に比べ、首相ならずとも羨望の的と映っておかしくはない。

けれども、その一方で、アメリカの貿易赤字は過去最大を更新して二七一三億ドル。わずか一年で六五％以上もふえ、経常収支の赤字三千億ドル超はいまや確実とみられている（いずれも一九九九年度）。

史上最長の好景気の裏で明らかに過剰消費はじめ構造的な陥穽が掘られているのだ。この状態でなおドルの急落がおこらないのは、ゼロ金利をつづける日本からの『円』をはじめ、海外からアメリカへの一日一〇億ドルといわれる巨額の資金流入がつづいているからであり、アメリカ経済の『海外依存』はすでに構造化している。

それに支えられたNY株式市場の雲行きもあやしくなり、ここにきて『軟着陸か難着陸か?』と世界中から危惧されるまでになった。とりわけアメリカ社会における『繁栄のなかの格差拡大』こそは二十一世紀へかけての最重要課題となるはずである。施政方針演説とはまったく逆の意味で『モデルなき時代』は正解なのである。

それでもなおアメリカに学ぶべきモデルあり、とすれば、それは市民セクターの備える社会的強靭さをおいてほかにないだろう。これもまた小渕首相の問題意識とはまったく無縁のところで根を張るアメリカの強さといわねばならない。

このように歴史的背景を視野から消し去り、一見、良好に見える結果の部分だけをつまみ取りして自説を補強する。アメリカ・モデル追随型のグローバリズムと市場競争原理至上主義を政策の柱に据えながら、それでもなお『もはや世界にモデルはない』と胸を張る。ここにスリ替えがある。

現実直視を避けるこの種の『根拠なき楽観主義』と、それに煽られた『空元気』ほど社会にとっての災厄はない。それは過剰な悲観主義が生み出す無気力に劣らず危ういものだ」

以上からも明らかなところですが、ブッシュ・ジュニアはまさにこれとは正反対のことをやってのけたことが分かるでしょう。

すなわち「財政赤字そのものを膨張させる国防費」を削減したのではなく、逆に大膨張に一転させた。それによって得られた「資源（財政支出）」はどこへ振り向けたでしょうか。むろん、国防を担うことになっている軍需産業です。産軍コングロマリットの復権へと歴史は逆戻りしました。また文中で私は、「その一方で……」と拡大する貿易赤字、経常収支赤字について触れ、同時にアメリカの過剰消費構造の危険についても指摘しました。わずか数年後のいま、それがまぎれもない現実になっています。

まさに「消し飛んだ平和の配当」といわねばなりません。

国防バブルで凌いできたアメリカ経済

財政赤字の大膨張。それでは膨らませた政府支出はどこへいったのでしょうか。

ブッシュ大統領は何よりも「産軍コングロマリット（複合企業）」の復活めざして大盤ぶるまいに出たのです。

たとえば、同時多発テロ直後の二〇〇一年一〇月、米国防総省はロッキード社に「次世代主力戦闘機ＪＳＦ」を発注しています。その額、驚くなかれ、実に二〇〇〇億ドル。

日本円にして二五兆六〇〇〇億円（当時換算）。むろん史上最高額でした。後にアフガニスタン攻撃、イラク攻撃に動員されることになる超精密誘導弾など、数々のハイテク電子兵器がさまざまな軍需企業にあい次いで発注されていきました。

クリントン時代の黒字財政は、ブッシュ政権の国防費、人気取り減税などで、たちまち巨額の赤字財政に一転、財政赤字は一〇〇〇億ドル規模（二〇〇二会計年度＝約一二兆円）に。それと引き換えに、翌二〇〇二年一―三月期の国内総生産（GDP）は五・八％（年率換算）の高度成長を記録しています。なかで、国防支出は一九・六％もの急増で、この増加率はベトナム戦争以来の高い伸び。むろん湾岸戦争時を上回っています。

しかし、このような財政の赤字増、経済成長率の底上げ――という軍需依存の仕掛けが、そんなに長くつづくはずがありません。案の定、一年後のこの二〇〇三年一―三月期には予想をはるかに下回る一％台半ばにとどまる、という低成長に逆戻りです（同様に年率換算）。

イラク攻撃開始が三月二〇日ですから、GDPの数値計算に際してカウントされた日数は三カ月のうちの一〇日余に過ぎませんが、それに先立つ何カ月もの間、アメリカ国内ではイラク攻撃はもはや避けられない、とされ、消費者心理にも大きな影響を与えていたことは間違いないでしょう。

個人消費は前期と同じく一％台の低い伸びがつづき、自動車を中心とする耐久消費財はマイナス一・一％。辛うじて民間住宅投資だけが依然、高い伸びをつづけていますが、しかし、イラク攻撃の影響には深刻なものがあります。

当然、アメリカ市場に依存するアジア経済も影響を免れないことでしょう（そこへSARS、新型肺炎の発生です）。

さて、国防バブルで何とか凌いできたアメリカ経済にとって、次の一手は「復興ビジネス」です。他国を攻撃して破壊し、その復興を自国企業のビジネス・チャンスとする。経済の側面からみると、ここに至る経緯と復興ビジネスは必然の糸で結ばれているのです。

アメリカ国内の景気維持にはもはや他に方法が見当たらない。

二〇〇四年の大統領選が景気いかんにかかっているブッシュ大統領ですから、なおさら必死になるでしょう。見事な、というほかにない「復興ビジネスの独占」が平然となされています。

書き連ねるとキリがない。アメリカの駆使したイラク「復興」商法の極意を簡単に記録にとどめておくことにしましょう。

一　国際開発庁（USAID）という国防総省に属する政府組織に復興ビジネスの発注権限を集中する。

二　戦争継続中、炎上する油田の消火作業など、軍隊の援護なくしては不可能な事業を、米企業に発注する。米陸軍に援護されつつ進められる油田の消火作業の映像は世界に放送された。軍と産業の一体的展開が初めの一歩だ。その際、政治との密接な関係が威力を発揮する。チェイニー副大統領が、つい二〇〇〇年までCEO（最高経営責任者）をつとめていたハリバートンの子会社（KBR＝ケロッグ・ブラウン・アンド・ルート）がいちはやく国防総省から七〇億ドルのビジネス・チャンスをモノにした、などは一例に過ぎない。

三　イラクを占領する米軍がまず管理・運営に当たった施設、たとえば港湾、道路などをアメリカの民間企業に移譲する、という手順をとる。

四　イラク社会でのインフラ（社会基盤）復興は一刻も猶予できない緊急課題だと国際開発庁はうたい、道路から上下水道、電力施設の修理・復興、配電線網、空港、港湾の復興に至るまで、すべてアメリカの総合建設大手企業として知られるベクテル社に集中・独占発注した。どれをとっても米英同盟軍が破壊した施設ばかり。同社がまたシュルツ元国務長官が役員をつとめている事実は世界に著名だ。

五　ほかに学校などの教育施設、病院の復旧など、すべて同じ発注方式がとられた。

身を賭してイラク攻撃を実行したのはわれわれだ、そのアメリカ企業が優先的に復興事業を獲得して何が悪い、と当初から米政府は公言してきました。

一説に、総額一〇〇〇億ドルとさえいわれる復興ビジネス（そもそもビジネスという言葉に違和感をもつ人が多いのではないか）、その復興利権はまずアメリカが享受して当然と、当のアメリカは割り切っています。

国連主導で、などという主張は、いまや声のトーンが落ちてしまった。

イラクの石油埋蔵量はサウジアラビアについで世界第二位。一一二五億バーレルといわれ、世界全体の推定埋蔵量の一一％を占めます。因みに一位のサウジは二五％です。この世界第二位のイラク原油を市場経済のメカニズムのなかに引き出せば、いま国際石油価格決定のヘゲモニーを握っているＯＰＥＣ（石油輸出国機構）体制に揺さぶりをかけることができる、これがアメリカのヨミでもあります。

ラムズフェルド国防長官は、当初からイラク攻撃の主要目標の一つに「油田の制圧」を掲げてきたことは、よく知られたところです。アメリカは南部のルメイラ、北部のキルクークという二大油田の確保を至上命題としてきた。これをイラク復興の原資に当てる、というのが、大義名分ですが……。

二〇〇三年四月、米議会（下院）は八〇〇億ドル（約九兆六〇〇〇億円）の補正予算（二〇〇三年度会計）を可決、成立させています。戦後処理費用の一部が込められているわけですが、しかし、これで巨額の復興費用がまかなえるはずもない。当初からアメリカ政府はイラク復興に要する費用は「関係国からの拠出金」をもってする、と繰り返してきました（その他はフセイン政権の資産、そしてイラクの石油による収入だという）。

当然ながら、私たちの国にも身の丈にあまる請求書が突きつけられてくるでしょう。

イラク先制攻撃の大義は大量破壊兵器の隠匿。未来の脅威の除去。それがやがてフセイン政権打倒へ。誰でも知っている大義の移り変わる経緯でした。本書を執筆中の現在、しかし、いまだ大量破壊兵器なるものは発見されていない。

代わって出現したものはアメリカにとって願ってもない巨大ビジネス・チャンスでした。

壊してはつくり、つくっては壊す。肥え太るのはビジネスです。壊すのは政産軍コングロマリットで、再建に当たるのがゼネコン。国を超え、時代を超え、公共工事の原理というものが、こうして生きつづけるのでしょう。

しかし、その間にもアメリカでは逆戻りした「双子の赤字」が膨張をつづけているわけです。アメリカ大統領の任期は二期八年、仮りにブッシュ大統領が再選されたとしても、残るは五年少々。いったい誰がこのアメリカの前途、未来に対して責任をとるのでしょうか。

四章　新たな発展モデル

公と私――二つの人生

「野に咲く花は、自分の美しさを知らない。だから、いっそう美しい」

ある女性の還暦を祝うささやかな会で藤原審爾は短い言葉を贈った。毎月27日夜、藤原宅では必ず「二七会《にしちかい》」があり、藤原学校とも呼ばれたその会で、女性は最年長だった。会の末席につらなる私は、「野に咲く花」をすばやく胸に仕舞《しま》い込んだ。

過密な日程を背負っているはずの山田洋次がいて、同時代の最高の「知性」はだれか、とマスコミに聞かれ、即座に藤原審爾と答えた。「男はつらいよ」の松竹プロデューサー、そして時に倍賞千恵子の姿もあった。阿佐田哲也が色川武大であることもそこで知った。

膨大な著作の掉尾《ちょうび》が『遺す言葉』(新潮社)だった。2年4カ月の『波』(新潮社)誌上での連載が単行本になる。作業は始まり、しかし、仕上がりを見ることなく昭和59年師走、最後の作家は去った。

糖尿病、肝硬変、心臓病、腎臓病。「人生の半ばを病床ですごした」と書く藤原審爾の生涯の愛の事業は「育心」だった。「人は二つの事業の中の存在である。二つの事業が、一つの生活の中で果し得る社会」を渇望した。世のためになるよう生きる、自らをよりよく育てる、二つの分裂を「必然」とせぬための防波堤を築きつづけた。

焼き物の鑑識眼でも群を抜いた藤原審爾は、観賞用の名作でなく、職人の創《つく》る実用品に「野の花」を見ていた。「遺す言葉」に書いている。

「人は、同時に二つの人生を生きることは出来ない」

（内橋克人「時のかたち――野に咲く花」朝日新聞　二〇〇三年二月二七日　夕刊）

人間復興の社会

二つの事業の統一

「構造改革」を唱導しながら、人びとがめざすべき明日への標識を示すことのできる政治と政治家は、長い間、この国には不在でありつづけました。

「創造的破壊」を得意げに説きながら、では破壊の後につづくべき創造とは何か、姿の片鱗も示すことができぬ経済学者らでこの国は満たされています。かの国にフィーバーが起これば、たちまちそのフィーバーをこの国に移し植えて太鼓を鳴らし、過性フィーバーが去っても反省の片言を漏らすこともない。そのような彼らによって日本の九〇年代は空費されたのです。

空砲はいまも鳴りつづいています。

うちの一人はかつて「破壊の後に何が来るべきか？ それは破壊してみなければ分からない」と平然と答えました。「既得権益」を排斥、糾弾しながら、その実、改革者を自任するものが「新規権益」に群がっている。エネルギー市場の規制緩和を推進せよ、と叫ぶ政府行政組織の長たるものが、米巨大エネルギー資本の日本上陸に共同事業家として組み、ビジネス・チャンスにありつこうとした（三章参照）。

規制緩和によって自由化された市場での独占ほど甘い汁はありません。「最後の勝者ひとり」が組み立てるルールを武器として、その勝者がすべてを奪う。ウイナー・テイクス・オールにほかならず、それが彼らの望む「規制緩和のあとの自由市場」での「おいしい独占」そのものです。

私たちは、この国の九〇年代と二一世紀初頭を占拠した彼らに追随してはならない。示すべきは私たちがいまこそ立ち上げるべき「新基幹産業」の骨格です。

いま、私たちの求める地平への道は「二つ」の方向からたどることができます。同じゴールをめざすそのルートには、「二つ」の彩りがあります。本書の各章冒頭に配した「時のかたち」を読み返してください。すべて「二つ」という言葉を共通の表象としてきたことに気づいてもらえるでしょう。

本章では、それは「二つの人生」となっています。藤原審爾氏は書き遺しました。「自らをよりよく育てる」「社会のよりよい方向めざして努力を重ねる」——人生における「二つの事業」の統一です。

ここでは、まず「地べた」に生きる人びとの築く新たな基幹産業を示すことにしましょう。

ついで、そのことが地球全体の救済につながる基幹技術と産業のあり方を紹介しましょう。

第一は、私たちの生きる日本列島にあくまで固着し、そのことによって地域社会の雇用を守り、創造し、そして製品も技術もシステムも大きく進化させていった事例です。三菱電機・中津川製作所によきモデルを見ることができます。

「医師は、患者のなかにいてこその医師です」と彼らは言いました。終身雇用どころではなく、六〇歳台半ばをすぎてなお開発者は現場に留まりつづけ、製品を進化させ、後輩を育成しつづけているのです。

第二は、「資源小国日本」から「資源大国日本」をめざす人びとです。

本章の「資源自立の道が日本を、地球を救う」において、二つの先駆例を紹介します。ひとつは世界の「水問題」を解決する「逆浸透膜」の東レ。もうひとつは「ゼロ・エミッション」構想に基いて「産業連鎖」を組み上げ、世界から産業廃棄物を集めてきて、それを新たな資源に蘇生させて送り出す「北九州エコ・プロジェクト」の理念と実践です。

この二つによって、日本の二一世紀は、間違いなく貴重な「水」と「産業連鎖」を自ら生み出す「資源創造大国」たり得る。その可能性に向けてすでに彼らは現実の歩みに入っているのです。

「資源小国から資源大国日本への道」はNHK・TV「ETVスペシャル――地球の匠」に登場し、大いなる反響を呼びました。新たな基幹産業の水脈「知の匠」たちを探し求める旅人として、私は登場しました。優れたプロデューサー、ディレクターたちとの共同作業です（二〇〇三年五月一〇日放送）。

いずれも私が真の「技術の社会化」と呼ぶ方向性にほかなりません。

くり返せば、第一は人びとの「地べたの努力」「健気な営み」であり、第二は重厚長大産業という言葉でひと括りされ、オールド・ファッション扱いされてきた、かつての基幹産業がその実、地球を救う技術の創造へと向かう驚異の姿です。

食糧・エネルギー・ケアの自給

社会のあり方を変えて、もうひとつの日本をつくる、その方向性として真っ先にあげられるのは、地球環境との共生です。

地球温暖化防止への世界的決意である「京都議定書」に掲げられたCO_2削減。つまり、従来のエネルギー政策を根底から見直すことは、いかにアメリカが不条理な抵抗に出ようと、すでに世界的な合意事項となっています。その領域、その分野での産業の育成は絶対に必要です。

つまりそれは、企業優位のマネー資本主義から、地球に生きる人間の生存条件を優位に考える、生活基盤を強固なものにしてゆく、そういう社会に向けて、日本も国家政策を大きく転換することが必要なときにきている、ということです。それが私たちのめざす真の「構造改革」でなければならないと思います。

それにはまず、食糧（フーズ）、エネルギー、そしてケア（介護を含む人間関係）のそれぞれの頭文字ＦとＥとＣを統合した「ＦＥＣ自給」を基礎にしたもの、そういう思想を背骨に通さなければなりません。そこで出てくる、たとえばエネルギー自給のために、そしてCO_2削減のためには原子力発電も必要だという議論がありますが、この考え方は違う。

なぜなら、なによりも優先するのは、一人一人の生存条件の向上ですから、これまでの原子力発電＝クリーンエネルギーという考え方そのものを放棄しなければならない。人間の生存条件を脅かすような、そういう危険を冒して推進し、野放しにするのではなく、デンマークのように逆にこれを規制し、他の自然エネルギーへの転換を押しすすめる方向へ、と国が政策をつくり上げていくべきなのです。

以前にも自著『共生の大地』や『浪費なき成長』で書きましたが、石油化石燃料に頼らず、再生可能なエネルギー政策への転換に成功した、デンマークの風力発電を中心とする「市民共同発電方式」が有望な手法です。この「市民共同発電方式」ということばは、いまではごく普通に用いられるようになりました。私が『共生の大地』で初めて発案したとき、その概念は容易には理解されませんでした。

デンマークは二〇年前までは日本と同じように、中東の石油に大きく依存し、第一次石油ショック当時のエネルギー自給率はたったの一・五%でした。しかし風力、太陽光・熱発電、バイオマス発電（生物資源由来の発電）など再生可能エネルギーへの転換を図りました。政府は国民的合意をもとに、石油と石油製品に対して、「国際相場よりも高い価格にする」、つまり高い価格でしか買えないようにするという国際的二重価格制を基本政策として採用し、また環境税も新設したのです。

それと合わせて新エネルギー産業をつくるために、市民が共同で出資する「市民共同発電方式」を重視しました。同じ風力発電でも、一般企業よりも市民発電のほうを有利な条件、高価格で買い取ることにしたのです。企業電力の買い取りは消費者の支払う電力料金の七〇%ですが、市民共同発電による場合は八五%で買い取る。さらに税制優遇措置も与える、など。

こうしてデンマークのエネルギー自給率はいま一二〇%近くで、二〇%は輸出に回しています。ちなみに食料自給率は三〇〇%です。

二〇年前までは日本と同様に中東の石油にエネルギーを依存していたのに、いまや完全にエネルギー自給国に変貌したのです。そのことによって雇用の場も広がり、失業率も下がりつづけ、市民資本が形成され、そしてなによりも素晴らしいのは持続可能な基盤の強い経済社会ができ上がったことでした。意志を持ってやれば同じことを日本ができないわけがないでしょう。

もう一つの環境がらみの有望産業は、これもすでに繰り返し書いてきたところですが、初めから廃棄物の排出をゼロにするゼロ・エミッション構想をベースにした領域です。提唱者グンタ・パウリ氏のゼロ・エミッションを、私は「産業連鎖」と呼ぶことにしました（『共生の大地』など参照）。異なった産業と産業をつないで、連鎖していくという産業連鎖。ニューコンビナートの思想による廃棄物ゼロの新しい「産業間連携」こそは、日本の技術が最も生きるお家芸です。産業連鎖を完成させるには高度技術、ハイテクが必要です。ＩＴに限らず、ハイテクノロジー全体の力で、日本が一番得意とするところなのです。

たとえば、ビール工場と養殖漁業をつなぐ技術、ブリッジする技術というのは日本の技術力をもってすれば容易です。そのことによって、ビール工場から排出される高蛋白質の廃棄物そのものは市場価値ゼロであっても、もう一方のそれを受ける産業の側の養殖漁業からみれば、それは価値高い飼料の原料ということになります。一〇〇％廃棄物は出ない。

――まさにＦＥＣアウタルキー（自給圏）が形成されることになります。このような可能性を取り入れた技術というものは、単なる技術といってしまってはいけないと思います。技術を紡ぎ出す人間の力、強い生命力の発露でもある大きな力、というべきではないでしょうか。

言葉を換えていえば、人間は技術的にのみ生きようとするときは快適を求め、これに対して、より大きな使命めざして挑みつつ生きようとするときは困難をも愉しみ、それを喜びに変えることができます。ＦＥＣアウタルキーの形成には、そうした人間自然に備わった持続的な大きな力というものが必要です。面白いことに、そうした人間力は、ひとたび回転を始めると後は雪だるま式に大きくなっていくのが特徴でもあることです。おそらく人間の生存本能という根源的なところに火がつくからでしょうか。

私はＦＥＣの自給ということをいい続けてきましたが、これまでそれはこの国際化時代、噴飯ものとみなされてきました。それがそうではない時代が、やっと始まった、というのが、最近の私の実感です。

地方の自立、地域主権が言われてはいますが、地方、特に中山間地帯の過疎化、少子化、高齢化は深刻な問題です。棚田、深い山並み、澄んだ小川のせせらぎなど日本の原風景とも言えるような素晴らしい自然に囲まれて、しかし、残念なことに、そこで進んでいるのは農業衰退、後継者不足という厳しい現実です。

かつて関東圏などで、そうした地域を支えてきた養蚕業もいまや見る影もなく、中山間地帯をおおっていた桑畑は立ち枯れてしまい、畑には桑の木の根っこだけが放置されている。そんな荒れた光景に慣れ、まさにどん詰まりといっていいような地方で、いま新しい動きが少しずつではあるけれど、各地に芽生えてきました。

『浪費なき成長』でも触れましたが、そのような農山村地帯、または地方都市において農作物の生産者と消費者が手を結ぶ「地産地消」運動などが、たとえば、広島や島根の中国脊梁山地の過疎地域と各地の都市部を結んで盛んに展開されるようになってきました。

たとえば「寄りん菜屋」という名の、農村の主婦たちがつくった産直の店があります。「まあ、寄ってらっしゃいませよ」という消費者への肉声の呼びかけが込められているのです。また、市内には「さらだはうす」といった産直の店もある。

JA広島の市内のビルには「『作る』と『食べる』の近距離恋愛」などと大書された垂れ幕が下がっていました。また、島根県石見町《いわみちょう》の「香楽市《こうらくいち》」は、そこに買い物にくれば、消費者もまた人間らしい自分を取り戻せる場所なのだと謳っています。

運動の中心になっているのは農村の主婦たちです。リーダーの話ではきっかけは「嫁さんパニック」だったという。年老いた舅、姑の面倒をいったい誰が見るのか、といえばすべて嫁にその役割がくる。舅、姑、さらにはそのうえの曾爺さん、曾ばあさんまで面倒を見なければならない。

ところが自分の老後は面倒を見てくれる人が誰もいない。息子は都会に出てフリーター、農村には帰ってこない、そんな切羽詰った状況から、嫁さんどうし横の連携を深めよう、助け合おうということで、ネットワークが出来上がった。そのなかから、地産地消の取り組みも生まれてきたというのです。Ｃのケアは、まさに今日的な問題です。このケアの自給という発想から、自然に食糧（フーズ）の自給へと繋がっていった進化の実例だと言えるでしょう。

ケアの自給自足とは、なにか。それは単に福祉産業だけに限ったものではありません。簡単な話、私たちが若いときはお年寄りの面倒をみます。けれど私たちが動けなくなれば若い者、キミたちに頼むよ、といえるような社会をつくろう、ということなのです。難しく、複雑に考えることはないはずです。

これを現在の介護保険制度では、介護の社会化という表現を使いながら、実は介護の市場化にすり替えてしまった。つまり私たちの老後というものが格好の商品になってしまった。こういう介護のあり方というのは、このまま持続可能なのか、どこかで破綻せざるを得ないのではないか、そういう危惧の念が湧いてきます。

だからこそ、自分たちの可能な地域内での新しい試みが活力に満ち、生き生きとみえるのではないか、と思います。

日本列島に固着して生きる

いま、アジア、中国への生産拠点の移転、工場進出に拍車がかかっています。国内のすべての工場をそれらの国に移し、本社部門と研究・開発、製品企画などごく限られた機能だけ日本に残す。大企業、中小企業を問わず、何度目かのブームがいまや日常のものとなってきているのです。

生産コストの合理化はいうまでもなく、成長する「市場としての中国」が、進出日本企業のターゲットにもなっている、そういう時代へと進んできました。流れはもはやとどめることも、避けることもできない、という中国移転宿命論が、私たちの国の大勢になってきました。

代わってどのような事態がこの国の現実となっているでしょうか。これまで縷々述べてきたところです。

次第に削ぎ落とされていく地域社会の自立する力、地元で働き口を得られない若もの、とりわけふるさとの高校を卒業する新卒者の就職状況を示す内定率は、毎年毎年、戦後最低を更新しつづけているのがいまの日本の姿です。

現在ではさらに進んで、逆に、この成長する中国に進出することが日本企業発展の条件であるとさえ説く論者が、学究者の世界でさえ主流になってきました。出版物でもいわゆる中国ものの氾濫といっていい状況がつづいています。

　そうした時代的空気のなか、「医者は患者のもとにいるから医者なのです」と、あくまで列島に固着するあり方を追求している工場のひとつが三菱電機中津川製作所なのです。

　二〇〇三年春まで同製作所の所長だった岡田奎司氏は「日本でやれることはキチッと日本でやる、これ、当たり前のこと。何も絶対に（中国に）出ない、などと固執しているわけではありません」

「大事なことはいかに、そしてどこで〝知的深掘り〟を進めるのが工場にとって最善なのか、また地域の役に立てるのか、それを考えるということですよ」

　この日本列島でモノづくりを持続するゆえに競争力の源泉がより豊かになり、需要側のニーズにもよりよく応えられる、そのことがさらに一段と「知的深掘り」を促す、真の競争力が高まる――そういう好ましい同製作所の循環を、私はかなり取材してきました。

　その一端を同製作所発祥の「ロスナイ」という「換気空気清浄機」の開発、商品化、さらなる進化へ、の軌跡にみることができます。

　同時にそれはまた、労働の流動化を叫び、それが失業問題の解決策になる、とでもいうような言説が支配的なか、逆に、その地点に人が固着してこそ、魅力的な「知的深掘り」もできるのだ、という「逆説の証明」でもありました。

同製作所については、すでに二五年も前、『匠の時代』シリーズの初めに「風の中津川」と題して、物語を書いています。換気扇からクリーンヒーター、送風機、ジェットタオル（濡れた両の掌を一気に乾燥させるドライヤー）、最近では太陽光発電素子にいたるまで、およそ「風」「空気」「陽光」に関しては業務用、家庭用を問わず、ありとあらゆる製品を生み出してきた工場です。中津川工場と飯田工場の二つからなり立っています。

あの恵那山（岐阜・長野県）から吹き降ろす「風の色」が見える、という、まさに現代の匠たちの物語でした。

「ロスナイ」の開発者、吉野昌孝さんも主人公として登場していただいた一人です。

最近、またまた同製作所を訪ね、再会を果たしました。すでに六〇歳台半ばを過ぎた同氏が、毎日、まだ工場の現場に頑張っていて、自らの開発したロスナイをさらに進化させる、そして後輩の教育に当たる、という日々を送る姿に限りない感銘を受けたところなのです。吉野氏にとってロスナイはまさに〝愛《いと》し子〟ということです。

ロスナイ開発物語については、いま、再び『匠の時代』と同様のドキュメントとして書き進めているところです。ここでは、この人材流動化なるものがもてはやされ、終身雇用はもはや時代遅れでもあるかのごとく掃き捨てられるなか、そうではない成功例のひとつとして紹介するにとどめておきたいと思います。

ロスナイとは、その名のとおり、「ロス（損失、ムダ）がない」の意です。

冬、私たちは室内で暖房装置を使い、夏は冷房装置を動かします。部屋のなかに暖められた空気、逆に冷やされた空気が滞留する。室内の空気の汚れを外部に排出し、常に清浄に保っておくには、どうしても日に何度かは、部屋の窓を開け放たなければならない。

しかし、窓を開放すると、そのとき、せっかく、室内に「貯金されていた」空気も一緒に外に逃げ出してしまう。室内の温度が冷え切ったところから、また暖房装置を稼動させて再び温度を上げてやらなければならない。その逆の季節であれば、また冷房装置によって空気を冷やしていかなければならない。

吉野さんはこれを「せっかく、室内に貯金した宝物が窓の外へ逃げ出してしまう」という表現で説明します。空気は清潔に、しかし、これではそのためのエネルギーが余計に浪費される。

「何とか温度はそのままに保ちつつ、空気の浄化だけは完璧にやれる、そういう具合に、いかないものだろうか？」

それが入社まだ日の浅かった吉野さんの関心事だったのです。それでどう考えたのか、すでに『匠の時代』で詳しく紹介したところです。彼はエネルギー・ロスはほとんどゼロのまま、換気は可能という、画期的な「熱交換システム」を生み出し、それから何十年、いまもそれを進化させつづけています。

いまではほとんどあらゆる公共の施設で、たとえば東京都庁や横浜ランドマークタワーなど、全館でこのロスナイのシステムによって、清浄な空気の保持と省エネという、もともとあい矛盾する機能の同時達成が行われているのです。一般住宅やマンションなど、人びとの身近な生活の場にもひろく採り入れられるようになってきました。

快適で健康によい高い水準の住環境、そしてエネルギー浪費の抑制という二大ミッションの追求が強い時代的課題となってくるにつれ、ロスナイの活躍の場は確実にひろがっていきました。

国内だけではありません。ヨーロッパ、アメリカはじめ多くの地域で採用されています。

あのラファエロの絵画で有名なローマ・ヴァチカン市国の絵画館では九台のロスナイが活躍し、価値高い作品の保存、そして見学客のアメニティ（快適さ）を高い水準に保つ貴重な役割を果たしています。はやくも一九七七年に納入された、ということです。どのような発見と改良あってロスナイは可能になったのか。『匠の時代』にすでに詳しいところです。ここで強調しておきたいことは、一つの技術、一つの開発が立派に実を結ぶには、それに相応する長い時間、努力、そして「最初にドアを押したもの」に対してきちんとした敬意を表する心、それらが欠かせない、ということなのです。

労働の流動化、人材の流動化を、失業問題解決の万能薬のようにいい、なかにはナショナル・ミニマムの切り下げが雇用問題を解決する、とまで説く政策形成者が現れた。何が失われていくのか、私たちはよくよく見極めてかからねばならない、と思います。

ところで、ここでもう一つ、ただでさえ競争の激しい市場にあって、なぜ同製作所は列島に固着できるのか、そのゆえんのところを明らかにしておかなければならないでしょう。

それはまさに「生産システムの超高度化」にあったということです。

素材投入から完成品までの自動一貫体制の確立です。あらゆる高度技術が動員され、まさに技術の総合力の威力をここに見ることができます。

たとえば、壮大なビルの建設が進む。その現場では刻々、建物の建設進行具合に合わせて無数の種類の設備やその部品が要求される。この無限といっていいほどの需要にどこよりも速い即応体制（市場即応生産など）で応えることができるようシステムがつくられているのです。

工場では、全国の在庫増減のありさまが、毎日、自動的に判断され、五日先の生産指示が発せられる。早い時期から全国の販売情報がコンピュータ・ネットワークに乗って、工場のコンピュータに直結されるようになっていて、工場内ＬＡＮによって生産管理システムから生産コントロール・プロセスまで、すべて一貫して一元化、超高速化、共有化が可能になるよう、あらゆるシステムが開発され、実現されています。

安定している売れ筋商品の毎日生産（デイリー生産化）とそうでない非売れ筋商品の五日前確定のシステム、その両システムの組み合わせ、などといった具合に、どこまでも需要側のニーズに瞬時に即応できるシステムが、コンピュータ・ネットワーク、インターネットはじめ最先端技術のフル動員によって可能なようになっている。需給調整マネジメントの極致をみる思いがします。くわえて、それらは日々に進化のときを刻んでいます。

私はよくいってきたところですが、ロボットがロボットを作ることはできても、ロボットがそのロボットを進化させることはできない。ロボットがいかに時代の寵児になろうとも、ロボットがロボットを異次元へと進化させる時代は恐らくこないでしょう。ロボットを進化させる、それはあくまで人間である、ということを忘れてもらっては困る。ロボ

患者の中にいてこそ医師の臨床医学は進歩し、それがまた基礎医学を進めていく、そういう緊張関係が「工場と市場」の間にも厳然としてある、ということではないか。多くの工場を実際に見てきた私が無原則な生産拠点移転論に容易には賛成しない理由もここにあります。

工場の進化とは何か、モノづくりの進化とは何か、そして脱工業化社会論の虚、ともに相互に密接なつながりのあること、後段の「資源を生み出す列島」の現実からしても、同意していただけるのではないか、と思います。

東京発のグローバル・スタンダード、これはアメリカン・スタンダードといってもよ

いものですが、移入された標準に押しつぶされ、窮地に追い込まれていいものでしょうか。それに抵抗する地方から新しい運動が生まれています。地方から、まさに危機に瀕した地域だから、多くの人々が立ち上がろうとしたのです。「新たな発展モデル」の萌芽が生まれ出ている。これを地方から逆に東京へ、全国へ向けて発信していく。そうすれば、持続可能な、生きつづけることのできる社会が可能になるでしょう。

生きつづける町（街）をつくることができるかどうか、私たち一人一人の自覚と認識のあり方にかかっているということができます。

シャッター通り再生、手渡しのコミュニケーション文化

日本農業とおなじように、日本の商業、なかでも生業型の生きる、働く、暮らすの三つが統合しているような商店は、九〇年代不況のなかで、ただただ衰退へと向かうばかりでした。

以前は地域活力の中核でもあった商店街に閉店があいつぎ、降りたシャッターがずらりと並ぶ寂しい光景を、多くの地域で目にするようになりました。私は「シャッター通り」というナマの言葉で、かなり早い時期から表現したおぼえがあります。

なぜシャッター通りが生まれるのでしょうか。モールとか郊外型ショッピングセンタ

ーとの競争に敗れてシャッター通りが生まれ、そうなるとさらに人々が郊外へと行ってしまうということも、たしかにあったでしょう。しかし、問題はそれだけかどうか、考えてみないといけないのではないでしょうか。

まず、シャッター通りになって何が困るかというと、商店主とその家族が困るのは当たり前ですが、地域社会がそれにつれて空洞化していくという問題が出てきます。この空洞化の空洞とは、地域経済の疲弊と崩壊という、実に即物的なものですが、また同時に人々の心の空洞化という抽象的な領域の問題でもあります。抽象のレベル、いわゆる、商業とはいったい何か、どのような役割を果たすべきものか、という、理念の再構築、原点にもどって考えてみなければならないと思います。

商業とは、商品の売買によって利益を得ること、あるいはモノを最適な場所へ最適配置することで利益を得る産業ということになりますが、果たす役割は、といえば、何といっても地域社会を育てるというところにあるでしょう。

地域社会を育てるとは、単なるモノの媒介や仲介ではなく、心の橋渡し、生きる喜びをコミュニケートする、人間の意志やぬくもりを伝えることにあると思います。心をこめて商いをすればいい、そう言ってしまえばそれだけのことですが、これが商いの核心であり、実は単純なようで一番難しいところではないでしょうか。

たとえば、キャベツ一つ、あるいは靴一足、ノート一冊、タバコ一箱など、それぞれのなかにこめて、どれだけの〝心〟をお客さんに届けることができるかで、儲かるか儲からないかが決まる、ということになるのです。

商品知識を延々と時間をかけて説明するというのではなく、相手の必要に応じて心をこめて伝達できるか、どうかということでしょう。単に安いものをより安く、ではなく、価格以上の価値を熱意をもって伝えられるか、どうか。言い換えれば商品を主人公にするのではなく、人が主人公になっているかどうか、それが生業としての商業です。

これは、『大森界隈職人往来』（小関智弘著・岩波現代文庫）の巻末対談のおりに伺った小関さんのお母さんの話です。

タバコ屋をやっておられたお母さんは、どうしても自動販売機で売れたタバコの代金というものが、自分のものとは思えないといっておられたそうです。タバコはいつもお客さんに手渡しをして、代金も手渡しで受け取ってはじめてタバコが売れた、という実感が湧くのだと。実は、この手渡しこそが商業の原点です。

お母さんは、それを守ってこられた。そういう商売の原点を、「手渡しの文化」と呼びたいと思います。商売というものはモノが移動すると同時に、そのモノといっしょに人間が動いていく、人とモノとの関わり方全体が商売です。小関さんのお母さんの姿勢はその一つの典型といえるでしょう。

『大森界隈職人往来』には砥石をつくる阿久津の爺さんの話が出てきます。工場ですり減った砥石の屑を爺さんが回収して歩いて、それをまた砥石にする。それを、誰もおカネをとらないで、これは屑だからといって全員がみんな爺さんにタダであげてしまう。

阿久津の爺さんは自分の足でいくつもの工場を回り、屑を集めては、また砥石に再生して売って歩いた。それで自分の生活を支えている。生活費もそこからひねり出す。人間の暮らしというものがそういう小さな善意に支えられ、その人がまた何かを生み出していく。砥石と一緒に阿久津の爺さんの生活と人びとの好意が循環していくわけです。

砥石の屑を再生することで、人間の生活が成り立って、また新しい砥石が生まれる。誰も「いったい何のために爺さん、そんなもの集めてるんだよ」などと聞きもしないし、おカネもとらない。阿久津の爺さんが来たときに便利なように、働いている人が砥石の屑を集め、自分の横にごく自然に置いておく。これも手渡しのコミュニケーション、つまり、阿久津の爺さんの話には会話がないけれども、まちがいなく人と人との心の手渡しが行われている、小関さんと対話しながら、私はそういう実感をもちました。

「手渡しのコミュニケーション文化」「手渡しの文化」、それを復活することが、新たな商業の秘訣、もっといえば、使命だと思います。商業は、この手渡しのコミュニケーションを忘れたときから、衰退がはじまったのではないか。

大量生産、大量消費の循環のなかに全部組み込まれてしまい、結局、曲がったキュウリは売れないというシステムに象徴されるように、人間の息づかいとか、ぬくもり、肌ざわりとか、つまり人間そのものがいなくなってしまった。呼吸する町、生きつづける町というものをどういうふうに維持していくのか。それを商業が担っていかなければならないのではないか。

これからの新しい商業は、単にモノを売るだけではない。モノをつくるのがメーカーで、それを売るのが小売店だというふうな役割分担でなく、循環のなかの、むしろその促進剤、循環を推進していく一つのエンジンにもなるきわめて大切な役割、手渡しの文化を担わなければならないのが商業だと、私はそう思っています。

商業の復活とともに、疲弊している日本型自営業の再生もまた可能になるでしょう。

さて、話はもう一度、もどりますが、中国、アジアへの工場移転、国内工場の閉鎖へ、とつづく奔流は、地域社会に何をもたらしているのでしょうか。この奔流を宿命とみる目には、「ちょっと待てよ」の声などはもはや時代錯誤としか映らぬようにみえます。

地域産業、地場産業として、その頂点の座にいた長い歴史の地元大手が真っ先かけて、さっさと日本列島を離脱していく。そのトップ企業の傘下で生き延びてきたささやかな下請け、家内工業は、突然、明日からの仕事を失い、なす術もなく消えていく。

岡山県下のある著名な被服業界で聞いた話です。地域に残る決意のその経営者は丘のうえに立つ「○○産業会館」(○○は地名)を指さして、「いまや、アレは○○じゃありません。陳列棚に乗っているのはほとんどすべて中国製日本製品ですから」といいました。

地域社会のこれからをどうするのか、地元で就職の機会を奪われた高校新卒の若者はどうなるのか、いっさいお構いなしの列島離脱礼賛論者に、彼は「赤の他人が……」と挑みかかったものでした。「後のケアなき離脱」を当然視する論者の虚説が逆に軽い冷笑と憐憫の対象にされる日も近いのではないでしょうか。

けれども、そうした逆風にさらされる地域産業ゆえに、これを担う人びとの理念は進化する。大きな前進が始まりつつあるといえます。あくまで日本列島の「地ベタ」に固着しようとする決意の大きさが、人を前に進ませ、器を大きくするのでしょう。

「働くよろこび、作るよろこび、使うよろこび――分かち合おう」と呼びかける「ジャパンシェアリング」運動もその一つです。言葉そのものが知恵の奥行きの深さを伝えています。

消費者には値段の安い品物を買って、それを「使うよろこび」もあるだろう。しかし、この社会にはもう一つ、モノを「作るよろこび」もあるのではないか。この「もうひとつのよろこび」を失って、どうして「働くよろこび」を孫子の代に残せるというのか。そう問うているのです。

かつての単なる「国産品愛用運動」などでないこと、だれの目にも明らかなところでしょう。

「シェアする」とは「分かち合う」の意です。だれとだれが分かち合うのでしょうか。いうまでもなく、生産者と消費者です。

いま、ブラジルはじめラテンアメリカの国々、そして何よりもヨーロッパ各国で「連帯経済」と呼ばれる思潮が大きな流れに育ちはじめています。フランスには連帯経済省という名の政府・行政部門まできちんと存在しています。

それと知らず、ジャパンシェアリング運動の担い手たちは自ら新しい「連帯経済」の思想を築き、それを自前で体現し、ひろめる旅に出ようとしているのです。かの大阪府泉大津に根づいてきた地域産業、タオルをはじめとする繊維業界の有志たちが声をあげた。すでにNPO法人格も取得し、活発な活動を開始しています。

代表の池藤悦男（池藤織布株式会社・社長）の主張は明快なものでした。

「どこにも負けない製品、技術、人への優しさ。この三位一体のかもし出す風格が、私たちの強みなんです。その強さにさらに磨きをかける私たちだからこそ、運動を進めることもできるのではないか、と思います」

その「ジャパンシェアリング」と標記したタグつきタオルが売れているのです。サポーターとなっている自覚的消費者たちが「そうだ、そうだ」と答えているのでしょう。そのタグは新しいブランドの誕生を告げる時の鐘でもあったようです。この不況期を好業績で生き抜いてきたことで知られる某大手流通のトップが、「シェアするもの同士の仲介役こそ、私たちのミッションだ」とさっそく応じたと聞きました。

彼らの熱意ある「運動性」と「事業性」の両立をめざす活動が確実にサポーターをふやしつつあることが分かります。

四国・今治にも「日本列島に固着する」と宣言するタオル製造業者がいて、二〇〇二年、東京・大手町で開かれた、ある新聞社主催の国際シンポジウムにまで足を運び、私を訪ねてきたことがありました。「この地にとどまる決意だからこそ、父と私はウデを磨いているわけです」と、若い後継ぎは胸を張っていました。

より低いコストを求めての工場移転もいいでしょう。けれども私たち日本人一人一人は日本列島を容易に離脱するわけにはいかない。年老いたならば、ますますです。この事実を忘れたくないと思います。「使うよろこび」と「作るよろこび」を分かち合おう、と呼びかけるジャパンシェアリングの「新しい理念」への期待が高まっていることを実感しているところです。

このようにいま地域で働くよろこび、作るよろこび、使うよろこびを分かち合おうという動きが活発になってきました。産業の空洞化阻止をめざして「純国産品及び国内で製造する素材や部品を使用した製品」の積極的な購入・利用を推進しようとするジャパンシェアリング運動が多くの賛同を得ているのは、こうした背景あってのことでしょう。

作るということと使うということの価値、よろこびをシェア、共有する。これまで私たちの暮らしを支えてきた地域社会や産業の大切さを、まさに次の世代を担う若者たち、私たちの子孫に受け渡していく。

農業と製造業と商業、一次と二次と三次産業が理念と思想を共有することで繋がる。新しい成長モデルの原型をここに読みとることができるのではないでしょうか。

そういう地域産業とともに商業の復権によって、町の荒廃をも防ぐことができます。具体的に言えば、たとえば、高齢者向けの商店街をつくることで、「手渡しの文化」を蘇らせ、にぎわいのある町を復活させたのが、良く知られる「お婆ちゃんの原宿」のキャッチコピーで高齢者に人気の東京・巣鴨のとげ抜き地蔵商店街でした。

また、島根県のある町では、高齢者が安心して散策に出られるように、と歩道の随所に椅子が設置してありました。ほんとうにささやかな心の配慮や善意を示すことでも、人々がもう一度商店街へもどってくる、そう信じる店主の多い商店街には現実に人びとが戻ってきているのです。また、商店街全体にはまだ活気がもどったとはいえないものの一軒一軒の店を覗いていきますと繁盛している店というものが必ず一軒や二軒はあります。

なぜ、その店が繁盛しているのかと観察すると、やはり人と人との手渡しコミュニケーションを大切にしていることがよく分かります。店が地域住民に対して一種のカウンセラー役を果たしているようです。

たとえば薬を買うときでも、安いだけのドラッグストアには行かずに、薬局に行って相談する客が最近はふえてきたということです。薬局だと薬剤師さんが、ここにこういう同じ成分の別の薬があるとか、その薬の効果はいっしょだとか、メーカーは違うからブランドの名前は違うが、効能は変わらないとか、もう一つ別のものではこれがありますよ、などと教えているわけです。

医療相談、カウンセラーの役割を薬局は果たしていて、会話と質問で客は薬剤師から、安心というものを得ているのかもしれません。つまり、これはＦＥＣのＣ、ケア、社会的ケアというものを客はその店で受けていることになるのです。

観光地での商売は、観光客ばかり相手にしていてもそれで儲かるものですから、地域社会から分離してしまいがちです。そうなると観光地の商店街ほど孤立し、地域社会に貢献していない代わりに何かあっても地域のサポートを得ることができない、という存在になってしまう。

そうではなく、地域社会と密着した商店から私たちは、ＦＥＣのＣ、ケアを受ける。ここでいうＣとは、カウンセラーとコンサルタントとケアの三つのＣの意であることが分かります。

少子高齢化のすすむ社会のなかで、また人間関係が希薄になっていく社会のなかで、どう生きていくのかといったとき、やはりカウンセリングとコンサルタントとケアを担う商業が欠かせないこと、誰にでも納得できるのではないでしょうか。

「生きつづける町」づくりとは、こういうあり方をいうのだと思います。

新たな農的価値、農業は二一世紀の成長産業

ところで、ＦＥＣのＦ、フーズ、食糧ですが、通説では日本の農業は、非効率的で衰

退産業でもあるかのような位置づけがなされています。しかし農業を衰退させてしまっては、生存条件の最大の基盤である「食」の自給権を失ってしまう。結果は他国への従属的ともいえる依存です。

農業は新しい農的価値として蘇らせないといけない。新しい日本農業の存在価値、それを私は「新たな農的価値」と呼んでいるのです。新しい農的価値とは何でしょうか。何よりもまずそれは生きる、働く、暮らすを統合する力の基盤になるものです。働く条件がよくなって、暮らすという条件もよくなって、初めて生きるという条件がよくなる。それらを統合した存在として人間はある。

給料が上がって働く条件がよくなっても、とんでもないインフレになると、暮らしの条件は悪くなり、生きる条件も悪くなる。その逆もまたしかり……。この三つをバラバラに考えるのではなく、ひとつのものとしてとらえて生きる。

あらゆるものの価格が下がって暮らしやすくなると喜んでいたら、いつの間にか実質賃金も下がって、働く条件は悪化していたというのがここ数年の現象です。この一〇年、物価が下がれば、消費者の利益だと、過剰にそれを強調してきました。その結果、いまや単なる賃下げどころでなく、賃金体系の総入替え時代が到来しているわけです。

そういうなか、あらためて人は、人生とは「生きる」「働く」「暮らす」の統合だ、という認識を強くもつようになってきました。消費側面だけよくなっても、あるいは物価だけ下がっても、幸せにはなれない。賃金はそれ以上に下がる。そういうことを実感として体得しているのは、都市生活者より農村社会に生きる人びとに多いのではないでしょうか。都市生活者はえてしてわが身を労働者、サラリーマン、被雇用者としてとらえがちです。

これに対して農業とは、農業を営むという行為が即、「働く」行為であり、「暮らす」行為であり「生きる」行為であり、それらが一体となった生業だからです。豊穣な実りの前でにこやかに笑っている生業農家の人たちをみると、なにか心の底から、満ち足りた気持ち、幸福感をともにすることができます。その大きな吸引力のようなものが、人々にF（食糧）とE（エネルギー）とC（ケア）の統合された人の生き方の大切さを教えてくれるような気がします。

そういう意味で、大規模資本による農業でなく、自営農業の日本的な再生をこそ私は「新しい田舎づくり」だと考えています。新しい現代的な魂の拠りどころとか、日本の産業のあり方、日本の産業社会のあり方、それから人間の考え方、価値観、これらのあり方すべてを糾していく力をもっているのが「農」ではないでしょうか。

これは決して例外ではない。そうした新しい農的価値を体現した農業従事者が、各地に現れ、周囲の人たちをも変えつつあるのです。古い農村社会の復活ではなく、新しい産業としての出発です。アメリカ型の大規模農業を仰ぎ見る人びとには意外と映るかもしれませんが、これからは日本国内での日本型農業は成長産業だと私は言っているのです。

日本は製造業など第二次産業は、当分は低迷、苦戦が続くでしょう。

しかし、第一次産業、中でも農業はこれからが成長産業なのです。そういう話をあちこちで私は繰り返し話してきました。

そのようななか、あるとき私はこんな話を北海道で聞かされました。

アメリカ農業に対抗しようと私ら農家は国の指導に従ってあらゆる努力を払って規模拡大にしのぎを削ってきた。けれども、大規模化してみると、結果、トラクターなどの機具の購入、土地の購入などで借り入れたお金が嵩んでしまった。この金利がバカにならない。仮りに金利が一%上がれば離農しなければならない。金利負担に耐えかねた農家がつぶれ、そこへ大企業が進出してくれば、それはまさしくアメリカ型企業農業（アグリビジネス）への転換です。

それを聞いていた専門家が、北海道には酪農家は一軒もいない、といいました。私は驚き、そんなことはないでしょう、北海道こそは酪農の王国ではありませんか、とうめくように問いを返すと、いいえ一軒もありません、あるのは搾乳業だけです、牛の乳を絞って雪印などの大企業に納入するだけの仕事。それはもはや酪農とはいわないのです。そう押し返されたのです。

酪農家とはなにかと言えば、我が家で搾乳した牛乳を原料として自家秘伝のチーズをつくる、バターをつくる、などなど。それぞれが自慢の乳製品に仕上げて、それを消費者に供するのが酪農家だという。

つまり、北海道の農家は国の指導に従って大規模化してきたけれども、一つ一つは逆に細分化、歯車化されてしまって、まるで都市における下請け企業のようになってしまったという指摘でした。もともと日本の農業は、生きる、働く、暮らすの統合としての生業であったはずですが、それがこの三〇年ほどでいつの間にか崩壊してしまった。

日本農業が崩壊していく端緒というのは輸入穀物飼料・グレーンソルガムの輸入自由化に発しています。アメリカの要求に応じ、部分的な自由化だからいいではないか、たくさんの柱でできている住宅から一本ぐらい柱を抜いても大丈夫だ、というようなことで、家畜用の飼料、グレーンソルガムを自由化してしまったのが一九七〇年代です。飼料穀物、つまり牧畜や家畜のエサがアメリカからどんどん入ってくるようになった。

もともと日本農業は自然循環型農業でした。それまでは人間の食する穀物、その副産物や残滓、藁などを餌として家畜に与え、そして家畜が排出した糞を、これまた大地に肥料として戻すということで「飼料」と「肥料」が循環していたわけです。それが切断されてしまった。

アメリカから安価なグレーンソルガムがドーンと入ってくる。それでまずは酪農の競争力を高めようとばかり、みんな直ちにそちらのほうへ切り換えていった。何が起こったかと言えば、結局大地に根ざした全体としての農業が分断されていったわけです。

しかもその飼料には抗生物質が入っている。たしかに牛乳はたくさんつくれるかも知れないが、結果として、かつて工業がやった量産効果追求型の農業になってしまった。これが日本農業の危機のはじまりです。大地から切り離された農業、農業から切り離された酪農のはじまりでした。

BSEが大問題になったころ、私は毎日新聞にこう書きました。「自給権なしに望めない『食の安全』」と……。次の通りです。

自給権なしに望めない「食の安全」

「『食の安全』が先鋭的な社会問題として浮上している。

四月初め、『BSE（牛海綿状脳症）問題に関する調査検討委員会』はここに至る行政対応の経緯について『重大な失政』との厳しい総括を示した。

なかで『飼料、食糧の輸入自由化が進んだにもかかわらず、それに対応できる危機管理の考え方が欠落していた』（同報告書第Ⅲ部）などと指摘。今後は『消費者保護』を基本に据え、『新しい行政組織の構築』『包括的な法の制定』などを建議している。『失政』とは何を指すのか。食糧も含む財とマネーの自由化、すなわちグローバリズムに追随するに、すさまじい『規制緩和正義論』をもってした九〇年代日本の政治選択は、いったいどのように位置づけられるべきなのか。勇気ある報告書にもその答えは見当たらない。

いまから七年前、一九九五年三月末、『規制緩和推進五カ年計画』が閣議決定された。

『消費者保護』に関して『自立と自己責任原則』が強調され、次のようにうたわれている。

『消費者保護のために行われる規制については、必要最小限の範囲・内容にとどめる』

技術の進歩、消費者知識の普及、情報提供の活発化などをその理由としてあげ、企業活動の自由を制約する規制は、社会的規制といえども規制緩和の例外にあらず、と強い調子で旗を掲げた。『聖域なき規制緩和』である。以後、経済的規制はいうにおよばず、消費者保護に関する重大な社会的規制までも見直し対象とした。閣議決定に先立つ九三年の『平岩レポート』では、規制緩和の対象として『有害物質を含有する家庭用品の規制』『農薬の登録』『消費生活製品の検定、登録、型式認証』『航空機検査』などなど、広範な項目が列挙されており、いずれも規制緩和の対象として閣議決定に盛り込まれたものだ。

当時、消費者の自己責任原則を主張する企業サイドに立つ識者らは、『過保護に慣れた日本人消費者』なる言葉をもって『消費者保護のための規制は必要』の声を駆逐した。『食の安全』行政に関しても『事前規制から事後チェックへ』の流れがこうして一大潮流となっていったのである。

二〇〇〇年夏の『雪印乳業・集団食中毒事件』の発生もこの流れと無関係ではない。黄色ブドウ球菌に汚染され、高温多湿の環境下で菌が増殖したのは、厚生省（当時）が導入を推進してきたＨＡＣＣＰ（危機分析・重要管理点方式）承認施設のなかでの例外箇所《かしょ》、つまり承認の枠外に放置された無届けの『仮設備の部品（バルブ）』だった。いったい監督官庁は、そのような状況、条件のもとで、なぜこの工場施設に承認を与えたのか、湧《わ》いてくる疑問は当然のものである。だが、事は単純ではない。

当時、HACCPの承認に当たるべき厚生省の担当官はただの一人を数えるに過ぎなかった。行政監督官庁の企業への監視や介入は最低限に限る。犠牲者が出て初めて事後チェック体制が機能する。単調な「小さな政府」礼賛論に呼応できる体制づくりへと、社会はすでに怒濤《どとう》をうっていたのである。行政の怠慢、失政だけで済むであろうか。『事前規制から事後チェックへ』を正当化してある経済学者は『市場がいい企業とそうでない企業を選別する。それでいいではないか』と主張した。犠牲者はどうなるのか、とわれわれは問わざるをえなかった。

BSE問題の発端、肉骨粉に関しても飼料穀物の輸入自由化にさかのぼる長い歴史的検証をスキップすることはできない。飼料用とうもろこしやグレーンソルガム（コーリャンなどの飼料用穀物）の輸入依存体制は何をもたらしただろうか。なぜ日本酪農はBSE脅威の埒外《らちがい》に立ちえなかったのか。

飼料穀物の輸入自由化を『肥料と飼料の分断史』と私は呼んできたが、その延長上に肉骨粉－BSE問題の侵入があり、被害者としての酪農営農者が輩出されているのである。

グローバル化時代における『農のあり方』、『飼料と肥料の循環の奪い返し』を問わず、

『生産者中心から消費者重視へ』だけで、本当に『食の安全』は確保できるのか。

私たちは『つくらせない、買わせる』というグローバリズムの本質に従順であってはならない。食とエネルギーの「自給権」を放棄して真に「食の安全」は望めるだろうか。この視点に立って『グローバリズムの組み換え』をこそ二十一世紀の課題としなければならないはずなのである。

『マネー資本主義のグローバル化』に異議を唱えるNGOの指導者、スーザン・ジョージは近著『WTO徹底批判』（杉村昌昭訳・作品社）でいう。

『WTO主導のグローバル化は、市民と民主主義にとって巨大な危険を孕《はら》んでいる』

（内橋克人　毎日新聞　二〇〇二年四月二二日　夕刊）

アメリカの場合、農家をつぶして農業をアグリビジネスにし、巨大資本を参入させて、より大規模化の方向を国益戦略として追求してきました。つまり、アメリカでは農業を戦略産業としているわけです。当然、どこの国よりも規模を巨大化させ、コストを安くして国際競争力をつけるのが、最優先なのです。アメリカがいち早く遺伝子組み替え作物に手をつけたのも、単位面積当たりの栽培収穫量を増やすのが狙いでした。

いま中国農業に対しても同様の戦略がとられようとしています。飼料穀物の輸入自由化への地ならしです。穀物メジャーが中国へ、マクドナルドなどと一緒に行って、アメリカ産の輸入穀物を無料で配り、家畜の飼料に使わせる。飼料のステップから手をつけていくわけです。まさに〝餌づけ〟です。

幸いというべきなのか、日本全体の地形はアメリカ型の巨大な大規模農業にはむいていないせいで、かろうじて日本型の生業としての農家が生き残っています。

ただし、北海道の大地だけは、やりようによっては巨大資本の参入も可能になる地形が多いだけに危ないといえば危ない。しかし、北海道の人たちは、いままでの国の指導による〝アメリカ化〟に対して無念の悔しい思いを味わっているものが少なくない。かつてあった生業としての農業を、新しい農的価値として位置づけ、本気になって、いま、原点に立ち返ろうとしている。そのような多くの農家の人びとに会うことができます。

日本の国際貢献は食糧供給から始めよ

ところで食料自給率の極端な低さというのは、外国からなんらかの事情で食糧が入って来なくなったときは、それこそ私たちが飢えてしまうという問題です。しかしこれを、さらに世界的な視野から見ると、作れるのに作らない日本が、世界の食糧をそんなに買い占めてしまっていいものかという、より重大で切実な問題にもなるのです。

日本の食料自給率がここまで、異常なまでに落ち込んだのはなぜか。アメリカの要求に応え、アメリカ農業をもっと繁栄させるために自分の国は作物をつくらないでおこう、というわけです。「つくらせない、買わせる」というグローバリズムの戦略に、私たちはまんまと乗せられている。つくれる土地もあり、能力もあるにもかかわらず、それをつくらないで放置するという減反政策をとっている。世界の一大不思議そのものでしょう。

この問題は、実は世界的な水飢饉と密接な関わりがあります。いま水は、ブルーゴールド、すなわち黄金の水とさえ呼ばれます。「水」は二一世紀世界の最重要テーマです。地球上に存在する水のうち人間や動物が利用できるのはわずか〇・〇一%に過ぎません。世界の水飢饉はきわめて深刻な問題になってきています。

日本は世界でも格別、水が豊かで穀物栽培にはとても有利な、恵まれた環境にあります。世界にも稀な水の豊かな日本が作物をつくらない、減反をしている。豊かな水を利用して作物をつくり、供給するという国際貢献をみずから放棄していることになるのです。

アメリカ農業を支えるために、日本は穀物ほか多くを輸入に仰いでいるのですが、たとえば穀物輸入は一年間に約三〇〇〇万トンにも達しています。これは三〇〇〇万トンの穀物を作るために必要な莫大な水資源を日本が輸入していることになる。つまり世界から水を奪っていることに通じるのです。

アメリカの米作農業は国家戦略による補助金の支援も受けており、その農法は焼き畑農業的です。というのは地下水利用型の農法であり、地下水をどんどん汲み上げ、これが涸渇すると表土が荒れて使えなくなり、次の新しい土地に移動していくというやり方です。

ワールドウォッチ研究所が指摘しているところですが、地下水が涸れれば、また次へ移るというかたちで国土荒廃を進め、農業的な条件というものを年々悪化させている。そういう農法で作られたものを買っているわけですから、アメリカのいわば国土荒廃に協力していることになるのではないか。世界的な視野でみると、世界の耕作地荒廃に手を貸していることにもなり、また日本より作物事情が逼迫している国々の人びとをさらに飢えさせてしまうことにも一役買う、という罪深いことになるのです。

もし日本がアメリカから買わなければ、アメリカの穀物はどこへ行くかというと中国、そしてアフリカです。食糧については世界中で需要オーバー、供給不足の状況が今後もつづくと予測されていますから、農業を戦略物資として利用できるアメリカは有利なわけです。

つまり日本がアメリカの作物を買いつづけるということは、価格を高値安定させることでもあり、それはひいてはアメリカの穀物メジャーの力をより巨大化させ、さらには日本人全体が穀物メジャーの支配下に置かれるという構図でもあるのです。

いま世界の穀物相場を支配している穀物メジャーの強化を日本が助けている、穀物メジャーのいっそうの強化を日本は支援していることになります。

それが、どういう意味をもつかといえば、日本が大量の作物を買うことを通じて、世界の需給関係が逼迫しますから、穀物の国際相場が値上がりし、飢餓にあえぐ貧窮国がそれだけ穀物の調達難に陥いる。結果、それらの国々は、先進国からの援助とか、あるいは支援、ＯＤＡを受けざるを得ない。あるいは借金をする。それで債務が膨らむという悲惨な循環にはまってしまう。

日本の減反政策は廻り回って、世界の貧しい国、水飢饉にあえぐ国々をなおさら苦しめることになるということです。

私たちのなすべき真の国際貢献とは何でしょうか。

作物をつくれる国、日本のように水の豊かな地域が豊かな水量を利用して作物をつくるということ。それが真にあるべき国際貢献の姿なのです。第一に適正な世界の穀物需給関係を維持することにつながる。世界の作物事情はいまでも完全な需要オーバー。ここへ中国が輸入国に転換してくると、世界の穀物の需給関係は危機的なほどに逼迫し、まちがいなく穀物相場はハネ上がります。穀物メジャーはそのときが来るのをじっと待っている。

もう一つは、日本が作物をつくれるのに、つくらないということは、天の恵み地の利である豊富な水を、そのまま海へと流し、使えない水にしてしまっている、無駄に捨てているということです。

穀物の栽培には大量の水が必要です。文部科学省の地球研（総合地球環境学研究所・日高敏隆所長）の沖大幹《おきたいかん》助教授グループの試算では、米一キロの収穫に五一〇〇リットトル、大豆三四〇〇リットル、小麦三二〇〇リットル、トウモロコシ二〇〇〇リットルという大量の水が必要なことがわかりました。ちなみに畜産の場合は、鶏肉一キロで四九〇〇リットル、豚肉で一万一〇〇〇リットル、牛肉ではなんと一〇万リットルだといいます。

日本の食料自給率が低く、輸入に頼っているということは、実質的には大量の水を輸入しているに等しいことになります。沖グループの試算では、国内で使われる一年間の農業用水五九〇億トンの、実に二倍近い一〇三五億トンもの水を輸入していることになる。

つまり、日本の減反政策は、世界の穀物の値段を高くし、世界の水飢饉を加速するのに一役買っている、ということになるわけです。

つくれるのに、つくらない日本。グローバリズムに与する日本は、そういう意味で第三世界や最貧国からすれば、マイナスの循環を促し、加速させている国と映るでしょう。

では、どうすればいいのか。政治の問題とあきらめてしまわずに、減反政策の大転換を政府に迫る、要求する。むろん減反施策によって補償を受けている農家の反対という一筋縄ではいかない問題もありますが、もうひとつの日本を、というのであれば、必ずや可能になると思います。

豊かな水と肥沃な土地——資源に乏しい国日本と私たち多くの日本人は思い込んでいるようですが、こんなに恵まれた自然という最大の資源をもっている国はそうざらにはありません。この日本の恵まれた条件というものを再認識し、スポットを当てることで、新しい価値としての「農的価値」がより多くの人びとに共有されるようになるのではないでしょうか。この農的価値をこそ世界に向けて発信すべき、と思います。

目の前で飢えている人を救う力を日本はもっているのに、その力を出していません。スーザン・ジョージの『なぜ世界の半分が飢えるのか』という著作に描かれているように、世界の半分が飢えているなら、日本は食糧という最高の資源で世界を救うと宣言し、実践する。日本のような水飢饉も食糧危機もない、しかも豊饒な土地に恵まれている国の重大な使命でもあると思いますが、いかがでしょうか。

資源自立の道が日本を、地球を救う

「水」を生み出す一枚の膜——東レの逆浸透膜

地球のこれから、に思いをはせる真摯な人ならば、その地球の前途に立ちはだかる危機と不安から眼をそむけることはないでしょう。

自らの生きる地球を「水の惑星」と命名しながら、その水の惑星に生きる人類はいま「水飢饉」におびえているのです。深刻な水不足に悩む国はすでに世界八〇カ国に達し、一一億人もの人間が安全な「飲み水」を確保できずに喘いでいるといわれます。

二〇〇三年三月、京都とその周辺を会場として開かれた「第三回世界水フォーラム」で一つのリポートが発表されました。ユネスコ、WHOはじめ二三を数える国連機関が協力して調査に当たり、とりまとめたものです。

同リポートによりますと、今世紀半ばを迎えるまでに、地球に生きる全人口の実に七割に当たる七〇億人もの人間が「渇水」に直面する、ということです。そのうえ、たとえ渇水の危機から逃れることができても、砂漠化の進行、さらには農薬や化学物質などによる「水の汚染」で、人類一人当たりが使える水の量は現在の三分の二に減ってしまう、と予測しています。

途上国に生きる低所得層の人びと、農業用水不足で離農に追いこまれる農民、それらの人びとが向かう都市では「飲み水」をあがなう値段がハネ上がるわけです。「水飢饉」がさらなる貧困層の輩出を加速することになります。

この「水不足」に追われる「水難民」こそは欧米のウォーター・ビジネス（水を商品として利益追求の対象とする資本）にとって願ってもない利益チャンスと化すでしょう。

もう多くの人が知っていると思います。「水の惑星」というその「水」とは、ほとんどすべてが海水なのであり、人間が飲み水として使えるのは全体のわずか〇・〇二％に過ぎないことを。
イスラエルとパレスチナ両国の血みどろの争いの引き金は、何よりも「水」の確保をめぐって引かれたこと、中国ではかの黄河の枯渇がすでに現実のものとなっています。工業化、都市集中、その他、眼を見張る経済成長の代償は重いといわなければなりません。

人類にとって時間はそれほど残されていないというべきです。

二〇〇三年四月、私は一人の研究者と一八年ぶりの再会を果たしました。先にも触れたNHKTV番組「ETVスペシャル——地球の匠」の取材ロケが、私たち二人の長い時間のあとの熱い握手を可能にしてくれたのでした。場所は滋賀県大津市・石山寺にある東レの研究所でした。

一八年前の一主席研究員はいま研究所常任理事になっていました。栗原優氏。一八年後のいまも後輩とともに「一枚の膜」の研究に取り組み、世界を駆けずり回っています。「水」問題の解決こそ彼とそのチームの夢なのです。そして彼らはすでに分厚な実績を積み重ねました。この一八年の間に技術と製品は抜群の飛躍をなしとげていたのです。

海水を淡水化して飲み水に変える。さらに「下水の飲料水化」をも射程にとらえたという。彼の部屋の壁に張られた壮大な世界地図のうえに、無数のピンが突き立てられていました。

サウジアラビアはじめ中東の国々、サハラ砂漠以南に広がる第三世界の貧窮国、アジア、その他……。「逆浸透膜」による「海水淡水化装置」の立ち並ぶ地域です。幾百万の人びとがその装置からすでに飲料水の供給を受けているのです。なかで、カリブ海に浮かぶ国、トリニダードトバコに築かれた世界最大の淡水化装置は彼らのモニュメントであり、それは同時に水飢饉の恐怖から世界を救う可能性を示した希望のシンボルとして輝いています。

一八年前のそのころも、彼らの逆浸透膜を駆使した海水淡水化装置は、サウジアラビアの紅海側沿岸にたつアラムコ石油精製基地の建設工事現場で、数千人に及ぶ作業者のために毎日せっせと飲料水をつくり、供給していました。

一八年前、私はある雑誌に『重厚長大の復権』なるシリーズを連載し、同名の単行本としてまとめたことがあります。栗原さんと邂逅のときをもつきっかけだったのです。同書の最初の一行は、わが国技術・産業の世界を見舞う「一過性フィーバー」への戒めをもって始めました。当時は世をあげて「軽薄短小」フィーバーに踊り、エレクトロニクスにあらずんば企業にあらず、の嵐が吹き荒れている時代のまっただなかでした。こう書き始めています。

「わが国産業社会はしばしば時ならぬ『一過性フィーバー』に呑み込まれる。ビジネスの世界に目新しい動向が兆すと、それはたちまち記号化され、やがて一大潮流となってしまう。まるで呪縛にかけられたように、人々は同じ単一の関心しか示さなくなり、同じ単一の言葉しか語らなくなり、バスに乗り遅れはしないか、の落伍恐怖症が蔓延する。だが、やがてフィーバーは去っていく……」

（『「重厚長大」の復権』　講談社刊　一九八五年）

しかし、栗原優さんたちは、ひと味も、ふた味も違っていました。フィーバー便乗などでなく、落伍恐怖症でもなく、もっと違った、何か熱いものに突き動かされていたことです。

一八年前のそのときも、彼らは語っています。

「自分たちの研究・開発は、わが身の楽しみでもありますが、しかし、もっと大きな人類とか地球とか、飢餓とか貧困とか、戦争とか、そういう難問の解決に少しでも役立ってくれればいいんです。これ、何も、格好つけていってるんじゃないです。研究者、技術開発者ってみなそういうものなんです。この薄い膜一枚にしても、ですね」

一枚の膜、すなわち「逆浸透膜」について若干の説明を加えておきましょう。前掲書が格好のガイド役を果たしてくれると思います。

「そもそも膜とは何なのか。

『膜という言葉は生体を覆う薄皮という定義でして、もともと生物由来のものしかない、つまり生物からきたものだけを膜といったんです。それが英語でメンブレンですよ。で、生物の膜の特徴は生命活動にとって必要な物質、必要な情報だけをうまく選り分けて通し、必要でないものは通さない、またある特定のものに対してはアフィニティ（親和性）を発揮してうまくとり込み、泳いでいった先で離すとか、ある物質がやってきた時だけ開くというゲート（門扉）型の膜など、実にさまざまなんです。

そこで生体膜に学びながら、それに似たものを高分子材料の薄い皮膜によって、人工的につくれないだろうか、というのが人工膜の出発点でした。巧みな機能が発揮できるよう、最初からデザイン（高分子設計）して材料に組み込んでしまおう、という考え方に進んできたものです』（丹沢宏・東レ研究開発本部研究理事・当時）

『フィルム』と『メンブレン』は違うのだという。

フィルムはすべて遮断してしまう単なるスクリーンであり、『幕』とかカーテンがそれに当たる。

これに対してメンブレンは〝にくづき〟の『膜』。物質が中を透過し、その過程で、分離機能が働いたり、酸素を溶かし込む力が作用したり、さまざまな役割が付加される。

『膜を媒体にしてエネルギーをつくる、あるいは生体膜がやっている光合成を人工膜でやれないか、エレクトロニクスと結合してセンサーはできないだろうか……。いまさまざまなところで、さまざまな方向で、膜の研究が行なわれている。なかでも最も進んでいるのが分離機能を追求した膜ですよ』（栗原優・東レ開発研究所機能研究室兼開発部主席研究員・当時）

原水（素材となる水溶液）か、液体の中に混在しているＡＢＣ……の物質を、膜を透過する過程で分離していく。その分離機能を追求した膜の代表が、ここでの主役、海水淡水化などに駆使される『逆浸透膜』なのである。いまのところ膜の世界のチャンピオンといってよい。

東レはその逆浸透膜で次第に独走態勢を固め始めたところだ。

とりわけＩＣ（半導体）の製造工程で洗浄に使われる『超純水』用の逆浸透膜では、すでに国内のシェア九五パーセントを抑えたという。

『技術を極限まで追求していく、すると一つの極限技術がまた次の新しい技術の世界を見せてくれる。そういう挑み方がウチの研究者には性に合ってるんです』（小野輝道常務・当時）

逆浸透膜こそそうした技術的極限をいく典型例といえる。

よく知られているように、一つの容器の中を一枚の半透膜で仕切り、一方に水（希薄溶液）、もう一方に砂糖水（濃厚溶液）を入れておくと、水が膜を通って砂糖水の方に浸透していくという現象がおこる。

植物の根っこが水を吸い上げるのも、同じ浸透圧によっているのだ。

『逆浸透膜』というのはこのような浸透現象とちょうど逆の現象をおこさせる膜のことで、海水に圧力（通常五十〜六十気圧）をかけて、この膜を通せば、『真水』が出てくるという性質をもっている。

すでに中近東では、逆浸透膜を使った海水淡水化装置が活躍していて、同地域全体で一日一千トン以上の海水が淡水化され、飲料水その他の用に供されているのだ。

この方法だと、海水一立方メートルを淡水化するのに、これまでの蒸発法に比べ三分の一から四分の一のエネルギーで済む、とあって、世界中で注目されるようになってきた。

で、問題はその膜の厚さである。酢酸セルロースやポリアミドを材料とするそれらの逆浸透膜は、その厚さ三百オングストロームといわれる。

一オングストロームは一万分の一ミクロン。一ミクロンは千分の一ミリだから、三百オングストロームは実に〇・〇三ミクロン。（初めにも書いたように）新聞紙の厚さの実に三千分の一に当たる超極薄である。

『私ども、公表では三百オングストロームとなっておりますが。作ろうと思えば五十オングストロームまで薄くできます。五十オングストロームといえば、単分子膜オーダーですよ』（栗原氏）

この逆浸透膜が半導体製造のプロセスでも、その歩留り向上に大きな役割を果たしている。ＩＣチップ洗浄に欠かせない超純水は、一ccにつき〇・三ミクロンのチリが数十個以下という厳しい超クリーン度が要求される。

逆浸透膜の孔は直径五〜十オングストロームと推定され、電子顕微鏡でも正確な数値は測定できないほどだ。仮に直径百オングストロームだと、もうビールスやチリが通過し、したがってその水を使ったＩＣチップには不良品が出やすくなってしまうという。

このように、微細さの極致をいく一枚の膜を可能とするには、ポリマー（分子が二個以上結合した物質）技術はもとより高度かつ最先端の周辺技術がともなっていなければならないことは、ここにいうまでもないだろう。

ある企業の技術によって可能となる『微細さ』の達成水準は、その企業の総合的な技術力を表象するものとして、貴重な物差しの一つとされる」

それから一八年後の今回もまた私は新たな問いを差し向けました。

「いよいよ栗原さんたちの時代がやってきましたね」

「いいえ、決してわれわれの時代なんかじゃないです。水飢饉は人類にとっての危機の時代なんです。何とか研究のピッチを上げなければ……」

そして「都市排水の飲料水化」「水の循環」「水の社会的自給」がいま現在の緊急テーマだと熱っぽく語ってくれました。

一枚の超極薄膜を可能にし、進化させた原動力は「技術の社会化」、つまり技術の社会的役割を絶えず問いつづける心、そして技術の蓄積を総動員する総合力にあったことがよく分かりました。彼らと志を同じうする、おびただしい数の研究者、技術者が、この市場競争至上の混沌たる社会になおも生き、歯をくいしばって実験室にこもっているのです。

この一枚の膜が「新基幹産業」への水脈であり得る理由をとりまとめておきましょう。

一　市場の大きさ
二　繊維に発する技術・産業の総動員力の強さ
三　「技術の社会化」がもたらす「さらなる技術進化」の可能性

「市場の大きさ」については、すでに述べた半導体（ＩＣ）製造装置で使われる「超純水」にとどまらず、さらに一例をあげれば次に示す壮大なフロンティアもあります。

たとえば石油精製装置が不要になる。

分子の大きさによって透過するものをふるい分ける濾過膜でなく、分離しようとするものの物性の差などによって液体と液体、気体と気体を分離できる、それが「高効率分子膜」なのです。

その高効率分子膜を石油精製に適用すれば、膨大なエネルギー消費とプロセスを必要とする石油精製装置は不要となるか、少なくともあの背高の蒸留塔は姿を消してしまうことでしょう。高効率分子膜によって、ガソリン、灯油、ナフサ……それぞれを選り分けることができるからです。

夢ではありません。

また、酸素富化膜という膜を使って、空気中の酸素をリッチ（富化）にして、エンジンやボイラーに吹き込んでやれば、高い効率でそれらは働くでしょう。排煙から大気汚染の原因となる窒素酸化物やその他を膜によって選り分け、排除することができれば、公害防止は一段と進むこと、間違いありません。

あのころ、時代遅れのオールドエコノミー扱いされたわが国「重厚長大型産業」ですが、なぜ彼らの存在が重要なのか。それは過去の技術蓄積を総動員できる「技術の総合力」において優れているからです。

彼らこそ、いま「新たな基盤技術」を生み出す可能性を秘めているからです。総合力の問われる時代の到来を私は前掲書においても力説しました。

技術は扁平、単調なものではありません。裾野のひろがり、奥行きの深さ、それらを総合する力を問わないで、はやりの先端部分だけをつまんで、もてはやす市場なるものの危険を指摘したのです。

「……素材産業を例にとれば、評価解析の核としての分析技術の深さが問われるようになる。物性の研究においては原子の配列、あるいは原子そのものを解析の目に晒す、といった作業が、ごく日常的に要求されるようになった。（中略）

複合材料なら、新しい特性が解析され、新しい機能の発見にたどり着くまで、原子や粒子、結晶粒度といった究極微細領域での解析技術が必要とされるし、何よりも、それらの解析方法や、新しい装置を生み出すのに、高い創造性が求められるようになっているのだ。

〝時代の寵児〟として浮上してきたバイオテクノロジーにしても、生き残りを左右するのは微生物や菌の『変異』とか『育種』といった長い歴史の技術、さらには自らが保有する『菌株』の規模といった総合力の質的水準、蓄積の高低、深浅の度合いということになってくる」

人間生存の基盤を脆弱にする技術でなく、足腰強い「人間共生の社会」の到来をうながす「技術の社会化」を求めるあり方こそ、新しい基幹産業の糸口を開いてくれる道となるでしょう。

アメリカによるイラク市場化の旗じるし、すなわち「フリードマンの原則」(159ページ参照)なるものを嗤おうではありませんか。

廃棄物を原料にエネルギー創出――「北九州エコタウン」プロジェクト

いま「逆説の時代」が始まっていると強く感じることができます。

「資源小国日本」を自戒の言葉として久しい私たちの国ですが、それが「資源創造国」へと変わろうとしているからです。この二一世紀のうちにも日本は資源輸入国から資源輸出国へと変身するかもしれない。世界から製品を輸入し、世界に向けて資源を輸出する。加工貿易立国から資源貿易立国への転換がすすむ。国是が変わることになるでしょう。

「貿易摩擦」は旧世紀のものとなり、「世界の工場」の内実も逆転する。製品をつくる工場から、世界へ向けての貴重な資源をつくる工場へ、という大逆転です。

そのようなことがどうして可能なのでしょうか。

二〇〇三年四月、私は北九州エコタウンを歩きました。すでに紹介したNHKTV「ETVスペシャル——地球の匠」の取材路ロケでした。北九州とはかつての鉄の町、八幡の今日の姿にほかなりません。明治三四年、すなわち一〇〇年もの昔、日本初の近代製鉄所として官営八幡製鉄所が操業を開始しました。一〇〇年前に灯がともった一号炉跡地のモニュメントにも私は立ちました。そこから日本の近代は始まったのでした。いま、その町の壮大な埋立地で「北九州エコタウン」プロジェクトが歩き始めています。

何が始まっているのでしょうか。

「アウトプット＝インプット・モデル」が現実のものになろうとしているのです。

アウトプットとは産出、すなわち生産物、言葉を換えていえば、生産活動の結果として生まれる財のことです。その生産物をつくるのに必要とされるインプット、それがすなわち投入された原材料です。それらのアウトプットとインプットがイコールで結ばれる。

通常は、目的とする製品（アウトプット）を一つつくり出すのに、その何倍もの原料やエネルギー（インプット）が必要です。その差の多くが産業廃棄物（エミッション）としてムダに捨てられてしまう。

ところが、新しいやり方ですと、二つは等価、等量ということになるわけです。

私が『共生の大地』（一九九四年・日本経済新聞連載　九五年・岩波新書）はじめ、その後、さまざまな機会にくり返し紹介してきたグンター・パウリ氏（当時、国連大学顧問）の説く「ゼロ・エミッション」構想が、この地で実現へと一歩を踏み出したところでした。

「エミッション」とは産業廃棄物のことです。その廃棄物の量を徐々に減らしていくのではなく、いきなりゼロにする、つまり皆無にする生産システムの構築をいっています。そこでは廃棄物イコール原料となります。

発案者グンター・パウリ氏はこれを「産業間リンク」と呼び、私はそれを「産業連鎖」と名づけました。よく使われる、単なる「クラスター論（産業集積論）」の域を超えていると思います。

具体的に説明しましょう。たとえばA企業・産業が排出する廃棄物が、B企業・産業の原材料になり、そのB企業・産業の廃棄物がまたC企業・産業の原材料になる。いわば廃棄物と原材料の産業連鎖を形成するというものです。廃棄物イコール原料となれば、廃棄物はもはや廃棄物ではないでしょう。私は『共生の大地』にこのゼロ・エミッションのことを紹介して書いています。

「業種の異なる複数企業の廃棄物を組み合わせると、その一部が原材料になる産業もあれば、逆に一企業・産業が複数の企業・産業にたいして自らの廃棄物を原材料として提供できるケースもあるだろう。

このインプットとアウトプットの相互関係で深い連環性をもち、同時にもっとも経済性において高い効率を発揮できる『異業種産業』が集まり、『新産業集団』を形成するのである。二〇世紀に生きるわれわれは、身近な『石油化学コンビナート』を連想するだろう。ただし、石油化学コンビナートでは、張りめぐらされたパイプのなかを流れるのは、隣のプラントで精製されつぎへと送られる原材料だった。

それが『ゼロ・エミッション』では、パイプその他の手段によって運ばれるのは原材料ではなく、隣接工場で排出された『廃棄物』ということになり、その廃棄物はつぎに待ち受ける産業にとっては大事な原材料ということになる。

この循環を無限に回転させることができれば、産業は廃棄物ゼロの状態で永遠に生産活動を継続することができるだろう……」

パウリ氏は八つのモデルを具体的に示しました。いま、この理論は彼のなかでさらに進化しています。当時、日本の某著名学者はこの「ゼロ・エミッション」構想を一笑に付し、科学的にあり得ない、と宣告したといいます。パウリ氏は呆然とし、このような科学者が高い位置を占めている国は日本をおいてほかにない、と私にうめいたものでした。そのころ、すでに多くの国で実証研究がすすみ、見事なテスト・プラントが誕生していたからです。

私が北欧における風力発電の実例を紹介したときも、同様の反応がありました。が、いま、風力発電はじめ再生可能エネルギーを笑うものは、いないでしょう。

このゼロ・エミッションが、それと知らぬ人びとの始めた活動から、まさに現実のものになろうとしているのです。それが「北九州エコタウン」プロジェクトにほかなりません。

壮大な埋立地に立つ。玄界灘から吹きつける荒い潮風を受けて一〇基の風力発電機が低い唸り声をあげている。番組で私のモノローグがつづく。

「こうして風車が実際に回る姿を間近に見ると、少し前までは夢の話として語られていた社会が、確実に、しかも予想していたより速いスピードでやってきたことが実感できます」

　風力発電は年間出力一万五〇〇〇キロワット。一万世帯分の電力を生み出す。二〇〇三年三月下旬、翼は回転を始めたばかりだ。

「私たちがめざす持続可能な社会、風に向かって立つこの風車は、その社会への一歩」と私は玄界灘を越えて寄せてくる荒い風に吹き飛ばされそうになる身体をやっと支えてふんばり、髪ふり乱し、カメラに向けて語りつづけました。

　目の前に二〇〇〇ヘクタールにもおよぶ荒涼たる埋立地が広がっていました。

　埋立地の一方はまた洞海湾を挟んで戸畑地区とも対面している。こちら側から眺望できる対岸のその戸畑地区では二〇世紀型産業が、よく晴れ渡った天に向けてなおも白濁の煙を吹き上げていました。最新の公害防止の仕掛けが施されているとはいえ、対岸にひろがるその風景は私に「スモーク・スタック・インダストリー」（煙突産業）という言葉を想起させたものでした。

　かつてブラジル・マナウスなどに先進国から移転した煙突工場が集積していました。その風景を目にしたときの衝撃がその北九州で蘇ったものです。公害に対する環境規制の厳しい国から、そうでない国へ、と煙突産業は大挙して押し寄せ、受け入れ国の政府もまた「開発」「発展」欲しさにそれらを歓迎していたわけです。

　だが、いま私の立つこちら側の埋立地は違う。

　シンボリックにいえば、洞海湾の手前側、私の立つその地帯は疑いもなく二一世紀のものでした。埋立地のうえにやがて姿を現すのは「総合環境コンビナート・響《ひびき》リサイクル団地」なのです。だが、それも壮大な埋立地の一部にしか過ぎない。実は、すでに新しい「産業連鎖」の一端が動き始め、地域は連日、ひきもきらぬ見学者たちで満たされていました。

自動車、家電をはじめとするエレクトロニクス、石油化学製品、よく知られたペットボトルなどは序の口というべきか。まずは「廃棄物」を「原料化・資源化」する工場群が操業を開始しています。いまは主として西日本から集められてくる廃棄物を貴重な資源へと変身させる工場です。全体計画からすればホンの一部、第一歩を示す実像にしか過ぎません。

全体像を示しておきましょう。

地域は三つのエリアからなっています。第一ゾーンが「学術研究エリア」であり、第二は「実証研究エリア」であり、そして第三が「事業化エリア」という構成です。それぞれの概略だけ簡単に示しておくことにします。

一「学術研究エリア」

地元の北九州市立大学、九州大学、九州工業大学、早稲田大学など、九つの大学の研究施設が集積。革新的な廃棄物処理手法、最新のリサイクル技術を中心に環境工学の研究が進み、すでに幾多の実績を生み出している。

二「実証研究エリア」

先の「学術研究エリア」での基礎研究から生まれた種子（シーズ）が、実際に事業へ、と展開できるかどうか、域内の各所に配置されたテスト・プラントで試行が重ねられている。大手ゼネコン、各大学などがジョイント・プロジェクトを立ち上げ、いま一五項目にのぼる事業化テストが進行中。北九州市の焼却場から出た焼却灰などの資源化の可能なことが実証され、実際の処分場でシステムが二〇〇三年から採用される。

三「事業化エリア」

廃棄されたコピー機やFAX、OA機器類が一〇〇％、再資源化される。徹底した分解と分別が技術の特徴。金属からプラスティックまで、あるものは機械で、あるものは手作業で、と見事に作業が進む。プラスティックは破砕されてフレーク状に、金属もそれぞれの材料ごとに分別、分解されていく。なかに稀少資源が存在する。うち廃棄物のOA機器を材料として生み出された新原料は、年間五四〇〇トンに及ぶという。むろん資源として販売され、収益源となる。すでに一五の企業がここで事業を始めているのだ。

立ち並ぶ工場群の一角、自動車のリサイクル工場。全国で一年間に出る廃車の数は五〇〇万台といわれます。その廃車を資源に蘇生させる。廃棄物として持ち込まれる廃車の実に九〇％が再資源化される。いったいその技術はどこからやってきたのでしょうか。

結論からいえば、エミッションを資源に変える新しい技術は、かつて重厚長大型のオールド・ファッション産業といわれ、しばしば公害企業と非難され、糾弾を受けた企業が、長い年月をかけて磨き上げた公害防止技術の水脈から生まれた、ということです。

世界最高の資源蘇生をなしとげるこの工場は、もともと大正九年の設立。以来、鉄スクラップの回収、加工を業としてきました。その西日本オートリサイクル（旧吉川工業）が新日鉄、三井物産などの支援のもとに立ち上げたものです。

基盤になっているのは、同社が八〇年以上の長きにわたって蓄積してきた「純度の高い鉄」をとり出すための「鉄スクラップ」の技術であるという。不純物を含まない鉄スクラップの技術とは徹底した「分解」と「分別」の技術によってなりたっているのです。

「やがて、何も新しい鉄を使わなくても、新しいクルマができるようになります」

和田英二社長は「そんなことは何でもない」といった穏やかな顔で断言しました。

最終工程では、その目の前でアルミの真っ赤なインゴットがつぎからつぎへと炎の炉からクレーン車で運び出されていきました。

「自動車の組み立てラインとちょうど正反対に工程が流れていくんですよ」と和田さんはまた穏やかな表情で語ったものです。

エミッションを資源に――エコタウン・プロジェクトのきっかけを拓いたのは、矢田俊文九州大学教授、新日鉄の電気設備技術者として長い経験をもつ川崎順一氏（新日鉄八幡製鉄所・総務部開発企画グループ部長)、そして北九州市の末吉興一市長たちでした。多くの民間企業トップ、行政に携わるもの、おびただしい数の市民がはせ参じています。

プロジェクトの進化を求め、全力投球する川崎さんが話し出しました。

「この埋立地の足の下に膨大な資源が眠ってるんですよ。埋め立てのために運び込んだ廃棄物を掘り起こせば、それが私たちにとっては資源の金脈ということになるのです。北九州モデルが日本を変え、世界を変える。夢じゃないですね」

かつて七色の煙を大空に吹き上げ、市民の頭上に環境汚染という名の被害を与えつづけることと引き換えに日本近代化を牽引した、その同じ企業の技術蓄積、資金力、何よりも人脈を総動員することで、企業もまた蘇生しようとしているわけです。技術のなかには公害防止を市民に迫られ、巨大資金と引き換えに築き上げたものが少なからず生かされていました。

「公害企業が公福企業に、ですなあ」と私は呟くように彼に感想を伝えました。

やがて各工場と工場が強い絆で結ばれ、自分の工場で処理できないエミッションは隣の工場へ、と流れるでしょう。いつの日か、川崎順一さんや和田英二さんの言のとおり、このエリアでバージン原料(自然界から直接奪う資源)いっさい不用の最終製品が誕生することでしょう。

ゼロ・エミッションへの一歩が踏み出されていたのです。

さて、長い時間、私たちは経済成長を追い求めてきました。しかし、同時に成長にともなう「うしろめたさ」から自由ではありえなかったのではないでしょうか。経済成長は地球資源と人の浪費をともなうことなしには達成不能という思い込みが、日本に限らず、二〇世紀世界を支配してきたからです。

そして、それはまぎれもない現実でした。

また、同時にその道は貧しい国から富める国へと資源、マネーを移し植える過程でもありました。国と国との格差は否応なく拡大し、経済成長を求めて「浪費こそが美徳であり価値だ」と人びとは思い込むよう強制されもしました。

そのような二〇世紀を支配したのは「見えないモノは存在しない」という確信に満ちたトリックの政治と経済だったのです。公害もゴミも、この世の厄介もの、迷惑ものはすべて「見えない」ように隠蔽することで済まそうと躍起だった。これが過ぐる二〇世紀の実像だったのです。人びとの努力は、あらぬ逆の成果へとつながっていきました。

いま、私たちはこの壮大な「世紀のトリック」を見抜き、「巧妙なレトリック」からも脱出しなければならない。それが可能なときがきているのだと思います。

「節約と成長の両立する経済」を求めて、私は前著『浪費なき成長』を書きました。それから三年、考え方の革新は社会全体に思わぬスピードで進行し、深化し、進化しつつあることを実感しないわけにいかない。

始まっているのはまさに「逆説の時代」そのものではないか、と思います。

いま、「成長の代償」が人の不幸でなく、社会への危害でもなく、「知の源泉」をより豊かにするものであることが証明されつつあります。

もうお分かりでしょう。これはもはや従来概念における「経済成長」ではない。ましてＧＤＰ（国内総生産）の量的膨張をもってする「成長」の計量評価尺度とも違う。何度もくり返してきましたように、真の「成長」とは、人間生存の基盤をより強靭なものとする条件の前進、そして充実のことをいっているのです。経済成長を、と求めるのではなく、内的充実を、と声をあげましょう。

「成長概念」そのものの問い直しが、いま始まっていることのすべてであるというべきです。

「会社は潰れても人間は潰れない社会」が可能となる。

こうして、ここに私は「もうひとつの日本は可能だ」と読者に向けて発信することができるときがきた、と信じています。強い確信をもって……。

あとがき

「徒労の経済」を超えて

「すでに始まっている未来」を現実のなかに見ようと求める旅の途次で私は多くの発見に恵まれています。

この長い「閉塞の日本」といわれるなか、その実、あるべき未来はすでにゆっくりと立ち上がっており、人びとに向けて、一日もはやくわが身の姿に気づいてくれるよう、仄《ほの》かながら呼びかけのことばを発していること。

バブル崩壊後、なぜ私たちの必死の努力がそれにふさわしい実りを生むことがなかったのか、なぜ成果でなく労苦がいや増すばかりの改革であったのか、いまや猜疑の眼を為政者に向けない日本人は少ないことでしょう。なぜ私たちはむなしい「徒労の経済」のなかに足をすくわれてしまったのでしょうか。

改革を叫ぶものの、その改革に抵抗すると称されるものも、あるいは痛みの後の光を約するものも、その光へ向かう速度をめぐってスピードが遅い、と糾弾の声を上げるものも、よくよく考えてみれば、結局、すべての発言者がまったく同じ方向めざして靴音そろえ一斉行進しているに過ぎなかったこと、ここに明らかにすることができた、と思います。

何をめざしての努力であり、かしましい議論だったのか。ひと言でいえば、あるはずもない幻の草原を頭のなかに描き、必死のレースを競っていた。九〇年代から二一世紀初頭にかけ、私たちの社会はすでに過去の風景へと通り過ぎた幻影を追って、まさに後ろ向きの営為を積み重ねたに過ぎなかったこと、次第に明らかになってきているのです。景気対策といい、国民負担といい、過去の夢、戻るはずもない仮想の経済人国の復活へ向けて、資源にとどまらず、国民精神まで総動員して、必死の形相で入れ込んだということでした。

過ぎ去ったものに未練を残し、間違った方向をめざすとき、前途に立ちはだかるのは悲観材料ばかりです。しかし、あるべき正しい方向にめざめ、あるべきゴールをめざすならば、私たちは確実に明るい未来へ、と近づきつつある自分の姿を発見することができます。

人が人として尊重される、人間生存の条件をより確かなものとする、会社は潰れても人間は潰れない、そういう社会をめざす、このゴールめざして方向性を定め、しっかりと眼を凝らしてみれば、日々確かな努力の一歩を重ねている私たち自身の姿に気づき、あらためて自分たちの健気な努力や涙ぐましいほどの頑張りに感動さえ覚えることができます。

大事なことは、政治や企業が社会を変えるのでなく、社会こそが政治や企業を変えるのだ、というかけがえのない真理への覚醒です。

生きる場である地域社会が日々に吐き出す生ゴミを集めて、それを原料に無公害ガソリンを生み出す、地域社会のなかで生産、消費が絶えることなく循環する、そのような「生きつづける町」を可能にするためにこそ、企業はある、とすでに多くの現場の企業人が声を上げています。

どこまでも虚のマネー資本主義に追随し、それに向けての「改革」スピードを競い合う経済は、資本主義・市場経済からみてさえ決して永遠なものでなく、歴史のなかの突然変異の一種に過ぎない。この真実に一日もはやく気づき、この認識をわが社会のものとしましょう。

日本株式市場ですでに六割近い売買高シェアを占める最大の投資主体、外国人投資家（証券会社の自己売買を除く）たちの行動が、その日、その日の株式相場を決定的に左右する、そのような仕組みのなかで、株価の騰落に一喜一憂し、下支えのために国民の汗の結晶を注ぎ込む、そうするうちにも富は他の国へ、と確実に移し植えられていくでしょう。そのような「一喜一憂資本主義」から脱却しましょう。

むなしい後ろ向きの努力、すなわち「徒労の経済」を見限りましょう。

疑いもなく「もうひとつの日本」は可能です。東京・永田町、霞が関を渡る「天空回廊」でなく、地方、辺境の地、農業、何よりも生きる・働く・暮らすの場で、ほんとうに強靭な「もうひとつの日本」がむっくりと頭をもたげはじめている。確信をもってそう断言することができます。

本書は、題名にふさわしくまったく新しい本づくりの手法を経て生み出されました。発注して、ただ原稿の完成を待つ、という編集のあり方でなく、担当の中町俊伸氏とはその言葉のとおり寝食を共にしました。いま書いている個所について、彼は絶えずそれを全体のなかに位置づけ、ゴールを共有し、めざす地点のありかを指し示す、という重大な作業を担いました。

コンピュータをフルに活用し、たとえば世界のＮＧＯのウェブサイトにアクセスし、ただちに翻訳してくれたのも、中町氏です。

三八歳と七〇歳が、世代を超え、この日本で価値を共有できること、今回ほど確証をもったことはなかったと思います。『尊敬おく能わざる企業』以降、絶えずエールを寄せていただいている松下厚氏の類稀な心の芯を揺さぶるぬくもり、穏やかな笑みを絶やさず、担当の中町氏のバックアップをつづけてくれた丸山弘順編集長、それらの人びととの新しい協同制作こそ、本書の特徴です。北九州エコプロジェクトや逆浸透膜の項においては、同様の暖かい協力をＮＨＫの名プロデューサー河内秀則、ディレクター緒方啓三の両氏からも頂きました。

この本づくりの、世代を超えたありようそのものが、新しい日本を予感させてくれるでしょう。私の確信は深まっています。ここにもう一度「もうひとつの日本は可能だ」と繰り返しつつ、感謝と希望のことばといたします。

二〇〇三年五月　柔らかな緑萌え立つ季節に

内橋克人

解説

佐高信

長谷川慶太郎、堺屋太一、そして竹中平蔵というバブル派の経済論者に対し、城山三郎、内橋克人、そして私という自前の思考の経済論の系譜があるのだと主張してきた。そんな自負を抱く私にとって、この本はまさにバイブルであり、豊かな可能性を実感させる希望の書である。

年代的には長谷川と城山が同じ昭和二年生まれであり、堺屋と内橋、竹中と私がほぼ同世代ということになる。

多分、『もうひとつの日本は可能だ』を読んだ直後だと思うが、私は『週刊金曜日』(二〇〇三年六月六日号)の「人物メモワール」欄に内橋のことを次のように書いた。

〈野間宏、椎名麟三、そして島尾敏雄。今年二月に内橋が執筆した『朝日新聞』のコラム「時のかたち」を読んで、内橋をあまり知らない読者は、こうした作家たちが登場することを意外に思ったかもしれない。しかし、師としての藤原審爾を取り上げたことでもわかるように、内橋克人の原点は、むしろ、ノンフィクションより、フィクションにある。いや、人間をまるごと捉えることを出発点として、その方法を模索していると言った方がいいかもしれない。

内橋の藤原審爾への傾倒はそのコラムにもよく出ているが、俗に〝藤原学校〟とか〝藤原部屋〟といわれた藤原を囲む会は、毎月二七日に開かれるので、「二《に》七会《しちかい》」と呼ばれたらしい。内橋はそこに山田洋次や色川武大の名を挙げているが、たしか、高橋治や夏堀正元もその一員だった。

「野に咲く花は、自分の美しさを知らない。だから、いっそう美しい」

ある女性の還暦を祝うささやかな会で、藤原はこんな短い言葉を贈ったという。

会の末席につらなる内橋は、「野に咲く花」をすばやく胸に仕舞い込んだ、と書く。

野に対するものは官である。内橋の官僚批判の根は「野に咲く花」を愛でる精神に発する。野こそ自然であり、こしらえものではない。それを官や政がこわす。

あるいは、藤原の名は女優の藤真利子の父親としてしか知る人がなくなってきたのかもしれないが、内橋は藤原の「膨大な著作の掉尾」の『遺す言葉』を熟読した。新潮社の『波』に連載され、のちに同社から出るこの作品を、私は内橋から『波』のコピーで贈られた。

そのコラムを含む『もうひとつの日本は可能だ』（光文社）に内橋は記す。

「焼き物の鑑識眼でも群を抜いた藤原審爾は、観賞用の名作でなく、職人の創る実用品に「野の花」を見ていた。『遺す言葉』に書いている。

「人は、同時に二つの人生を生きることは出来ない」」

　内橋は『面々授受――市民・久野収の生き方』（岩波書店）としてまとめた拙著を『世界』連載中に熱読《ねつどく》してくれたという。そして、久野の『神は細部に宿りたまう』（三一書房）から、次の一節を引く。

「少数派の抵抗運動は、これから多数派になる視点を象徴的に先取りする。いのちや生活において頂点同調主義ほど無力なものはない」

　とはいえ、「沈黙」の重みを知らぬ浮薄な多弁派（たとえば竹中平蔵、堺屋太一）がわがもの顔に振る舞い、この世を野の花が生きにくい世の中にする時、私などはしばしば、無力感に襲われるが、そんな時に決まって、内橋から心のこもった手紙が届くのである。

そして私は、水を注がれたようになり、再び歩き出そうと決意する。

　内橋よりちょっと年上の奥村宏と三人で、『週刊東洋経済』で何度か座談会をし、その後、このメンバーで『日本会社原論』（岩波書店）というシリーズを編んだりしたが、とりわけ日本の企業に厳しい私たちは、擁護派というか癒着派からは煙たがられ、内橋のU、佐高のS、奥村のOをとって「USO《ウソ》放送」などと揶揄された。しかし、どちらがウソだったかは、いまとなっては明らかだろう。

　内橋は「あなた方の説く改革論、グローバリズム宿命論に、いったい何の正統性と根拠があるのか」と怒りをこめて問い、少なくとも食糧、エネルギー、人間関係（広い意味でのケア＝介護など）について、地域内に自給自足圏を形成していくことが、真の国民的自立を果たす道だ、と強調する。フーズ（食糧）のF、エナジーのE、人間を慈しむケアのC、すなわち「FEC自給圏の形成」を呼びかけてきたのである。

そんな内橋が谷村新司の歌う「昴《すばる》」が好きで、谷村と対談したことがあるのを知っている人は多いのだろうか、少ないのだろうか〉

『もうひとつの日本は可能だ』の中で内橋は、イスラムはマネー資本主義に対抗するものなのか、と問われて、こう答えている。

「イスラムでは労働の対価以外の報酬を受け取ってはならない。人もカネも神が与えたものであり、イスラムの金融機関は利子、利息の概念そのものを禁じている。預金にも利子はつきません。ゼロコストの資金を集め、自ら生産設備をあがなって起業家に提供しています。

リスクも成果も事業家と共有する。基本にあるのは喜捨の考えです。利が利を生むマネー資本主義に対するアンチテーゼがイスラムにある」

「イスラム銀行はすでに世界20カ国に広まっています。マネー資本主義とは異なる価値観であり、いま、世界に台頭している地域通貨などの思想とも通底するところがあります。世界市場化への対抗思潮として、その対極にあるものにとっては根源的な脅威と映るでしょう」

なぜ、アメリカが強引にイラクへの爆撃をやったかが理解できる指摘だが、独立、自立、抵抗を示唆する試みとして、内橋と共に参加したシンポジウムのことが忘れられない。

二〇〇四年の九月十八日に『高知新聞』の主催で、フォーラム「時の方舟――高知のあすを考える」が開かれ、タレントのイーデス・ハンソン、高知県馬路村村長の上治堂司、そして内橋と私がパネリストとして参加し、ディスカッションした。それを第七章にして『時の方舟』（高知新聞社）という本がまとめられたが、その第六章は「近未来フィクション　高知県独立」である。

二〇〇X年の四月一日、高知県知事の坂本慎太郎（言うまでもなく、坂本竜馬と中岡慎太郎の合成）が記者会見をして、高知県の日本国からの独立を決める県民投票を実施する、と発表する。

「独立に向け、県民の最終意思を確認します。独立に備え、準備は進んでおります。日本国とは今後も友好的でありたいと願っています……」

独立検討委員会は、まず独立の通貨を持つことを考えた。単位は円ではなく、両である。リョウは竜馬にも通ずる。

憲法は一九四九年に軍隊を廃止したコスタリカを念頭に日本の平和憲法を継承する。

「思い切って軍備は一切やめよう。わずかな軍備に希少な人とカネを費やすよりコスタリカ流の積極平和でいく。国土防衛隊の代わりに地震や豪雨に備えた災害救助組織を創設しよう」

もちろんフィクションながら、この高知県独立論には読者からさまざまな反響が寄せられた。

「誰？　いったい誰がこんなことを考えたが？　私が考えよったことと一緒や！　そうそう、そうながよ！　いっそ独立したらえいがよ」

「世界には高知より少ない人口の国もたくさんあるし、いいじゃん、独立しちゃえ。発展途上国と呼ばれたって平気さ。先進国と呼ばれながら自国民に冷たい国より、小さくてもあったかくて、豊かな人が暮らす途上国のほうがきっと地球にやさしいよ」

　これを理想論と笑うことはたやすい。しかし、それに読者（県民）が沸くということは、その背景に次のような問いかけがあるということである。

「四国の片田舎で、こんな途方もない構想を、フィクションとはいえ公の新聞紙上で討論するほど地方は追い詰められている、ということさえ中央の政府は気づいてないでしょうね。県民のひとりひとりが、自分たちの生活や価値観を見直し、声をあげることで高知の行方も何か見えてくるかもしれません」

パネルディスカッションでは、内橋の紹介した「休耕田に菜の花を」という運動が印象的だった。休耕田に菜の花を植えれば、きれいだし、菜種油も取れる。何よりも、愚かなる農政（ノー政）への抵抗の象徴として一面の黄色い菜の花は強烈にアピールするだろう。

　アメリカはバーモント州の理念型アイスクリームメーカー、ベン&ジェリー社をはじめ、この本には同じような独立、自立の実例と思想が詰まっている。

（評論家）

文春文庫

もうひとつの日本《にほん》は可能《かのう》だ

定価はカバーに
表示してあります

2006年12月10日　第1刷

著　者　内《うち》橋《はし》克《かつ》人《と》

発行者　庄野音比古

発行所　株式会社　文藝春秋

東京都千代田区紀尾井町 3-23　〒102-8008
TEL 03・3265・1211
文藝春秋ホームページ　http://www.bunshun.co.jp
文春ウェブ文庫　http://www.bunshunplaza.com

落丁、乱丁本は、お手数ですが小社製作部宛お送り下さい。送料小社負担でお取替致します。

印刷・凸版印刷　製本・加藤製本

Printed in Japan
ISBN4-16-771717-4

文春文庫

政治・経済ノンフィクション

（　）内は解説者。品切の節はご容赦下さい。

石原慎太郎
国家なる幻影
わが政治への反回想（上下）

喜劇が悲劇であり、背信が誠実である政治の世界。暗闘、謀略、権力への欲望と無念の死。自ら関わったこの三十年間の政治の真相と人間の情念のドラマを、圧倒的な迫力で記した回想録。

い-24-3

石原慎太郎・田原総一朗
勝つ日本

さらば自民党・竹下型政治。アメリカ・中国の横暴を排し、制度疲労著しいこの国の混迷を救う戦略を探り、二十一世紀の日本の再生をめざす。真のリーダーと田原による白熱の大討議。

い-24-5

田原総一朗
巨大な落日
大蔵官僚、敗走の八百五十日

バブルの崩壊後に用意された金融ビッグバン。護送船団の主力に君臨してきた大蔵省が、この過程で国を沈めかねない危機を招来する。超エリート集団はどこで過ったのか？（岸井成格）

た-6-14

立花隆
政治と情念
権力・カネ・女

日本の政治はなぜここまでダメになってしまったのか。角栄と角栄以後の政治の流れと問題点を、権力とカネ、忠誠と裏切り、愛と嫉妬と憎しみまで、硬軟とりまぜて徹底解明した話題の書。

た-5-18

田﨑史郎
竹下派　死闘の七十日

五五年体制の終焉、無党派層の拡大……すべては自民党竹下派の分裂から始まった。日本型権力闘争の情と理を迫真のタッチで描き切る政治ドキュメントの白眉、二〇〇〇年増補改訂版。

た-48-1

斎藤貴男
カルト資本主義

ソニーと「超能力」、船井幸雄と「労務管理」、生きがい商法「アムウェイ」、京セラ「稲盛和夫」という呪術師……。バブル崩壊後、オカルティズムに傾斜する日本の企業社会を抉《えぐ》る傑作ルポ。

さ-31-1

（　）内は解説者。品切の節はご容赦下さい。

榊原英資
為替がわかれば世界がわかる
為替の現場には情報収集や整理、交渉の方法論につながる思考のヒントが満載。「ミスター円」がその経験から為替市場の読み方と考え方を平易に語る。新章「二一世紀のよみかた」を追加。
さ-42-1

中西輝政
国まさに滅びんとす
英国史にみる日本の未来
衰退する日本。『大英帝国衰亡史』で毎日出版文化賞・山本七平賞を同時受賞した著者が、英国史に日本の未来を読みとく。二十一世紀を生き延びる国家再生のノウハウとは？（福田和也）
な-43-1

中西輝政
日本の「敵」
日本はなぜ、バブル崩壊以後、挫折し続けるのか。気鋭の国際政治学者が、戦後民主主義なる内なる敵こそ最大の難関であると喝破。大英帝国を例に、日本の再生を問いかける。（西村眞悟）
な-43-2

中西輝政
いま本当の危機が始まった
9・11を境に永遠に世界は変わってしまった。日本は、この「世界危機の時代」をどう生き延びていったらよいのか。常に国論をリードする著者が、日本の危機に再び挑む。（渡部昇一）
な-43-3

中西輝政
日本の「死」
小泉改革は戦後日本の「没落と死のセレモニー」の始まりだった。日本はすでに死んでいる——。北朝鮮、米国や中国との関係など日本の嘘と虚妄を気鋭の論客が一刀両断。（櫻井よしこ）
な-43-4

保阪正康
瀬島龍三
参謀の昭和史
太平洋戦争中は大本営作戦参謀、戦後は総合商社のビジネス参謀、中曾根行革では総理の政治参謀。激動の昭和時代を常に背後からリードしてきた実力者の六十数年の軌跡を検証する。
ほ-4-3

ノンフィクション

（ ）内は解説者。品切の節はご容赦下さい。

青木新門
納棺夫日記
増補改訂版

〈納棺夫〉とは、永らく冠婚葬祭会社で死者を棺に納める仕事に従事した著者の造語である。「生」と「死」を静かに語る、読み継がれるべき刮目の書。（序文 吉村昭・解説 高史明）

あ-28-1

吾妻博勝
新宿 歌舞伎町 マフィアの棲む街

売春クラブ、殺し屋、麻薬・拳銃密売、現金強奪――。東アジア・中東・南米と、あらゆる地下犯罪組織が入り乱れる新宿歌舞伎町に、気鋭のライターが潜入取材した迫真のルポ。（馳星周）

あ-34-1

猪瀬直樹
日本国の研究

国家財政を破綻に追い込み、理念なき〝開発〟に邁進する奇妙な法人の群れ。国民に寄生する「もう一つの国」の恐るべき実態を暴く衝撃のレポート。文藝春秋読者賞受賞。（竹中平蔵）

い-17-8

猪瀬直樹
続・日本国の研究

我々の支払った税金はどのように使われているのか？ 無駄遣いをどうしたらなくせるか？ この大事な問いに分かりやすく答えます。一番わかりやすい構造改革。（田原総一朗）

い-17-10

稲垣武
「悪魔《あくま》祓《ばら》い」の戦後史
進歩的文化人の言論と責任

スターリン、毛沢東、金日成らを熱狂的に支持した日本のマスコミや知識人。「平気でウソを書いた人たち」の過去の妄言の数々を徹底検証する。第三回山本七平賞を受賞。（松原隆一郎）

い-36-2

岩見隆夫
陛下の御質問
昭和天皇と戦後政治

「サッチャーは軍艦をだすか」「高見山は残念だったろうな」昭和天皇の肉声を歴代首相経験者らに取材し掘り起こした労作。陛下の素顔の魅力を伝え、象徴天皇制を考える上で必読の書。

い-58-1